Sophia, die Urmutter,
spricht über die Zyklen des Lebens

Heike Engel

Sophia, die Urmutter, spricht über die Zyklen des Lebens

ch. falk-verlag

Umschlaggestaltung: Dirk Gräßle, München
Satz: P S Design, Lindenfels
Druck: Druckerei Sonnenschein, Hersbruck

Printed in Germany
ISBN 978-3-89568-278-0

Inhalt

Sophia

Ich bin die, die ich bin.
Ich vereine alle Pole
sowie deren Zwischenebenen.

Wenn ihr mir in die Augen schaut,
seht ihr das Licht, das ihr seid,
und die Schatten, die ihr tragt.

Ich bin Sophia, die Ebene,
durch die ihr schreitet, um von der
feinstofflichen in die irdische Welt
hinüberzugehen.

Ich bestücke euch mit euren Potenzialen
und führe euch in die Wahrheit,
die keinen Spielraum lässt,
die keine Zweifel lässt,
die nur die reine Wahrheit ist.

Ich führe euch in eure
dunklen Tiefen
und hellen Höhen,
denn dies ist der Weg,
den ihr zu beschreiten habt.

So fing es an

Ich glaube, es war April 2015, als ich zum ersten Mal „Sophia“ begegnete. Es war während eines Schutzengel-Workshops, den ich hielt. In dem Moment, als sich die Schutzengel aller Beteiligten zeigten, zeigte sich mir nicht mein Schutzengel, sondern ich konnte klar und deutlich wahrnehmen, dass diese Präsenz, die sich zeigte, „Sophia“ hieß. Es mag vielleicht ein bisschen verwirrend sein, aber es war auch so, dass mein Schutzengel auch „Sophia“ war, aber nicht nur. Mein Schutzengel hatte kurzfristig seine Schwingung geändert, und zwar erhöht, um sich in die Ebene der Sophia einzuschwingen und von dort aus mit mir Kontakt aufzunehmen. Doch dies wusste ich damals nicht. Mein Schutzengel war es also, der mir Sophia quasi vorgestellt hat. Das zeigte sich mir jedoch erst später.

Sophia sprach zu mir, dass sie sich mit mir verbinden wolle, und ich erlaubte Sophia diese Verbindung, denn es fühlte sich an wie ein Nachhausekommen. Sophia war vom ersten Moment an sehr kraftvoll und viel weiser und wissender noch als mein Schutzengel. Mit meinem Schutzengel kommuniziere ich, wenn es um mich geht, also wenn es persönlich wird. Doch bei der Kommunikation mit Sophia ist es anders. Nicht ich entscheide, wann wir miteinander sprechen, sondern Sophia trifft diese Entscheidung und wirkt dann urplötzlich auf mich ein, sodass ich nur zur Verfügung stehen kann. Ich kann mich dem nicht widersetzen. Sophia ist soviel kräftiger und mächtiger als alle anderen geistigen Wesen, denen ich bislang begegnet bin. Wenn sie mit mir kommuniziert, dann wird alles andere einfach ausgeschaltet.

Es vergingen ein paar Wochen, bis ich Sophia erneut begegnete – einer wunderschönen, großen, leuchtenden Frau mit einer Liebe in den Augen, wie sie mir noch nie zuvor begegnet war. Ihre Form war fließend und ihre langen Haare schienen Energiebahnen zu sein. Sie ragten in helle Ebenen, so hell, wie meine Augen es nicht erfassen können. Ich sah Farben, für die ich keinen Namen habe. Und sie reichte mir die Hände und hob mich zu sich. Hier war es still und sanfte Klänge umhüllten mich zugleich. In mir wurde etwas geweckt und ich verlor jede Angst vor meiner Aufgabe. Ich fühlte mich unendlich geborgen und getragen, und auf eine ganz spezielle Art fühlte ich mich auch zu Hause.

Wer oder was ist Sophia?

Wir sind Sophia. Wir sind kein einzelnes, individuelles Wesen, sondern Sophia ist eine Ebene und ein Kollektiv. Sophia ist die Ebene, durch die auch Engel ins Leben geboren werden. Die Sophia-Ebene wird von jedem durchschritten, um ins Leben treten zu können. Unabhängig davon, ob es ein Leben als inkarnierte Seele oder als Tier oder sonstige Wesenheit ist. Sophia ist eine machtvolle und extrem strahlende Energie und hat ihre Wurzeln in der Göttlichen Ebene.

Wir wissen, dass eine solche Umschreibung verwirrend für den Menschenverstand ist, und daher treten wir oft in weiblicher Gestalt auf und wir werden auch in diesem Werk als Sophia, die Urmutter, zu euch sprechen.

Jedoch ist die Trennung zwischen Mann und Frau eine Illusion eurer Materie. Jedes Wesen und auch jeder Mensch trägt diese Anteile – sowie noch viele andere – in sich. Wie bereits erwähnt, ist jeder Mensch eine Symbiose vieler Wesen, Schichten und Energien.

Ich bin und trage in mir eine Ebene der göttlichen Dimension. Es gibt keine Worte, die treffend umschreiben könnten, was ich bin. Denn ich bin fließend und Worte sind es nicht.

Ich bin das Licht, das ich bin, und die Weisheit, die ich bringe. Ich bin der Übergang von der dunklen zur lichten Seite. Das ist meine Bestimmung und mein Sein. Ich war schon immer vorhanden in eurer Welt, doch erreicht euer Dasein jetzt eine andere Qualität und eine andere Ebene möchte sich euch eröffnen.

Es gibt Bewusstseinsebenen in euch, die derzeit noch nicht aktiviert sind. Ich bin gekommen, um diejenigen an die Hand zu nehmen und zu geleiten, die bereit sind, ihr Bewusstsein von Beschränkungen zu befreien und sich aus der Illusionsebene zu lösen.

Alles unterliegt der Göttlichen Ordnung und jeder Bereich hat seine Ebenen.

Ich unterscheide in diesem Buch zwischen der feinstofflichen Ebene, der energetischen Ebene, der körperlichen Ebene und der Ebene in der Materie.

Wenn ich von der feinstofflichen Ebene spreche, so meine ich damit Sphären oder Dimensionen.

Spreche ich von den energetischen Ebenen, so meine ich unterschiedliche energetische Schichten. Sie können auf euch Menschen bezogen sein, wie zum Beispiel die Emotional-Ebene oder die Mental-Ebene. Diese Ebenen können in euch sein oder euch umgeben, wie zum Beispiel die Aura, die selbst natürlich aus unterschiedlichen Schichten besteht. Hellsichtige Menschen können die Schichten in ihren unterschiedlichen Farben sehen.

Auch euer Planet, die Erde, hat unterschiedliche Schichten. Er hat feste Schichten wie Stein oder Erdboden. Er hat aber auch energetische Schichten und wird von einer eigenen Aura umgeben. Alles, was eine Aura hat, kann übrigens von der eigenen menschlichen Aura erspürt werden.

Die Energieebenen der neuen Zeit, also die Energieströme, die derzeit auf die Erde einwirken, eröffnen eine neue feinstoffliche Ebene, also eine neue Sphäre oder Dimension.

Körperliche Ebenen gibt es zum Beispiel bei euch Menschen. Sie sind fest. So ist zum Beispiel die Haut die äußere körperliche Ebene eures menschlichen Körpers. Eine innere körperliche Ebene bilden die Knochen oder auch die Organe.

Spreche ich von Ebenen in der Materie, so sind die Lebensbereiche gemeint. Menschen haben ihre Bereiche, genauso wie Naturwesen oder Tiere. Menschen haben von Natur aus Füße, um sich mit ihnen gut und sicher in ihrem Bereich auf der Erde fortbewegen zu können. Vögel haben Flügel und sie können sich von Natur aus in der Luft, also in ihrem Bereich, der Luftebene, bewegen.

Ebenen können sich berühren und die jeweiligen Bewohner können also auch in die anderen Lebensbereiche hinübergehen.

Alle Ebenen sind in irgendeiner Form miteinander verbunden, entweder in fester Form, wie zum Beispiel die Haut den Körper umschließt, oder aber in fließender, energetischer Form, wie in der Aura, wo die Ebenen und somit ihre Farben sanft ineinander übergehen. Auch Lebensbereiche, also Ebenen in der Materie, können sich überschneiden.

Es gibt Ebenen, die nebeneinander angeordnet sind. Und es gibt auch Ebenen, die übereinander angeordnet sind, sie haben also ein Oben und ein Unten. Es gibt auch Ebenen, die sind von innen nach außen angeordnet. Manchmal begegnen sich unterschiedliche Ebenen und wirken gemeinsam. Dies ist zum Beispiel der Fall, wenn aus der feinstofflichen Ebene, in der die Engel angesiedelt sind, Heilenergien in die körperliche Ebene der Menschen fließen oder aber wenn zum Beispiel durch Energien aus der feinstofflichen Ebene die Aura-Schichten eines Menschen gereinigt, oder in ihrer Schwingung angehoben werden.

Jede Ebene hat ihre eigene Schwingung, die von einer anderen Ebene auch veränderbar ist. So kann zum Beispiel Musik, die von Menschen in ihrem Lebensbereich gespielt wird, die Schwingung von Wasser, was der körperlichen Ebene entspricht, verändern. Musik vermag auch energetische Ebenen zu verändern und zum Beispiel einen Ort energetisch zu reinigen.

Die Ebenen sind unterschiedlich groß und die Größe kann auch verändert werden. Zum Beispiel kann ein Mensch durch Bewusstseinsarbeit seine Aura vergrößern, und dadurch vergrößert sich die energetische Ebene dieses Menschen. Er kann natürlich auch durch Emotionen wie Angst oder Zweifel sein Energiefeld verkleinern, was sich dann ebenfalls auf die energetische Ebene auswirkt.

Die unterschiedlichen Ebenen können von hellsichtigen, hellwissenden, hellfühlenden und hellhörenden Menschen, je nach ihrer medialen Begabung, wahrgenommen werden.

Um begreifen zu können, wovon ich spreche, lasst mich euch etwas zu den irdischen Abläufen erklären. Taucht mit mir ein in die wahre Realität eures Daseins. Es wird euch den Weg weisen.

Inkarnation und die frühe Kindheit

Bevor eine Seele inkarniert, verweilt sie in einer Ebene, in der sie vorbereitet wird. In Abstimmung mit den Engeln, dem göttlichen Plan, dem Karmischen Rat und den vielen Lernaufgaben der Seele wird das Umfeld, in das diese Seele inkarnieren wird, ausgewählt und auch vorbereitet. In eurer zivilisierten Welt habt ihr keine Vorstellung mehr davon, wie die Seele euch besucht, bevor sie in die Materie eintaucht, also bevor überhaupt eine Schwangerschaft entstehen möchte. Die Seele mit all ihren geistigen Helfern stimmt sich ab mit allen Energieebenen der werdenden Eltern und Geschwister. Zu eurem Verständnis möchte ich es so ausdrücken, dass Verträge und Vereinbarungen eingegangen werden. Solche Verträge sind nicht kündbar. Ich beobachte oft, dass sich Kinder im Leben von Eltern abwenden oder umgekehrt. Dies erledigt jedoch die Lernaufgabe nicht. Die Aufgabe bleibt der Seele erhalten und wurde bislang der Seele einfach in andere Inkarnationen übertragen. Dies wird bald nicht mehr so sein. Es gilt, eure Aufträge zu erledigen und euch auf eurem Weg zu entwickeln. Ihr bekommt jeden Tag aufs Neue von uns die Aufgaben, die zu erledigen sind, gestellt, und wir bitten euch, diese Aufgaben zu erfüllen, denn eine Übertragung wird in der Form nicht mehr möglich sein. Das soll nicht dazu führen, dass ihr Angst oder einen Druck empfindet. Ganz im Gegenteil. Um eure Aufgaben zu erledigen, braucht es immer wieder nur eine Ausrichtung – Liebe und Vertrauen. Egal, vor welcher Aufgabe ihr steht, geht immer den Weg der Liebe, der Großzügigkeit und vertraut darauf, dass ihr durch die liebevolle Erledigung einer Aufgabe weiter getragen werdet in die nächste Stufe zur nächsten Aufgabe.

Wenn ein Kind, also eine Seele, auf die Welt kommt, verlässt sie die Feinstoffliche Ebene und verkörpert sich. Die Seele erhält einen Körper, bildet eine Symbiose aus unterschiedlichen Ebenen und auch Wesenheiten. Diese Ebenen vereinen sich zu einem menschlichen Dasein. Doch die Seele ist es, die der Meister des neugeborenen Menschen wird. Die Seele kann kreieren, beeinflussen und bestimmt über das Befinden des ganzen Körpers.

Seelen inkarnieren mehrfach auf der Erde, jedoch niemals in der absolut identischen Zusammensetzung. Die Symbiose aller Energien eines Körpers formt sich für jede Inkarnation neu, und zwar immer genau so, wie es den Aufgaben der Seele entspricht.

In manchen Menschen bäumen sich untergebene Strukturen auf und wollen ihre untergeordnete Rolle nicht akzeptieren. Oft wird dann schon in frühen Jahren der noch kleine Körper krank. Es ist die fehlende Harmonie, die nur von der Seele ausgehen kann. Wenn eine Seele vom Bewusstsein in Angstfelder geführt wird, kann sie keine Harmonie ausstrahlen. Sie wehrt viel mehr nach außen ab, was ihr Angst illusioniert, und verlässt somit den starken Kern ihrer Mitte.

Daher ist es so unsagbar wichtig, dass Seelen willkommen und geschützt sind – jeweils im Rahmen der Möglichkeiten der Eltern, denn alles ist abgestimmt, längst bevor die Seele inkarniert ist. Darauf dürft ihr vertrauen. Und fangt bitte nicht an, euch mit anderen zu vergleichen. Wer vergleicht, verlässt das Vertrauen und begibt sich in die Felder der Unsicherheit.

Es gibt immer viele Faktoren, die einen Übergriff von der dunklen Seite ermöglichen. Kein Fall ist dem anderen gleich. Aber grundsätzlich gibt es sie, die Entsprechung der dunklen Seite im feinstofflichen Bereich. Es gibt die dunkle, hinabgestiegene Ebene, deren Auftrag es ist, gegen alles Licht und Harmonie aufzubegehren und die lichten Energien zu bündeln und für andere Zwecke zu nutzen. Diese Ebene kann nicht anders, denn sie sitzt einer Illusion auf. Und jeder, der sich gegen die dunkle Ebene wehrt, nährt diese allein dadurch, dass er ihr die Existenz einräumt.

Wenn nun diese Ebene einmal die Möglichkeit hatte, einen Körper zu beeinflussen, dann braucht die Seele Verstärkung. Seit jeher ist dies meine Aufgabe und jeder von euch hat meine Unterstützung schon erfahren. Jeden Einzelnen habe ich begleitet in die jetzige und auch in andere Inkarnationen. Ohne die dunkle Seite hättet ihr nicht absteigen können in die Materie, und ohne meine Hilfe wäret ihr in ihr haften geblieben.

Um zu inkarnieren, braucht es also die tiefschwingenden Energien, den Pol, der aus der feinstofflichen Welt in die Materie zieht. Ihr braucht diesen Pol nicht zu fürchten. Er gehört zu eurer irdischen Ebene der Dualität.

Wenn die Seele sich auf den Weg in den Mutterleib macht, ist sie nicht allein und wird geleitet von lichten

Wesen. Manche können sich erinnern und sprechen von kosmischen Eltern, Engeln oder Lichtwesen. Diese Helfer unterstützen den Kinderkörper, sich zu formen und heranzuwachsen. Sie instruieren das Bewusstsein und legen die Matrix des Seelenplanes in die Seinsebene der jetzigen Inkarnation.

Während der Schwangerschaft ist die Seele nicht ständig im Körper. Für manche Prozesse und Entwicklungen ist es gerade gut, wenn sich die Materie auf anderen Ebenen formen kann, ohne die Gegenwart der Seele. Die Seele weht immer wieder hinein in den Körper und in die Gebärmutter. Feinfühlige Frauen können spüren, wann die Seele da ist. Doch viele probieren es nicht einmal mehr.

In Naturvölkern wird noch viel nach altem Wissen, das jeder in sich trägt, gehandelt, und so verbinden sich zum Beispiel die Aborigines mit der Seele des Kindes, das geboren werden möchte, noch bevor eine Schwangerschaft besteht. Sie erahnen das Lied der ankommenden Seele und stimmen in einen Gesang ein. Hierzu gehen sie erst einige Tage alleine in die Natur, um den Gesang der Seele zu erfahren. Das Wort *erahnen* bedeutet übrigens, etwas von den *Ahnen* zu erhalten. Ich möchte euch gerne zu mehr Aufmerksamkeit für eure Sprache führen. Auch die Sprache verändert sich stetig und sagt etwas über euren Bewusstseinsstand aus.

Während der Schwangerschaft und auch nach der Geburt bleiben die geistigen Helfer noch. Viele Kinder sehen die Lichtebenen und werden sanft von ihnen getragen. Es ist so hilfreich für die Seele, von Anfang an zu spüren und zu wissen, dass sie mit allem gut versorgt ist. Kinder, die gestillt werden, erfahren dies sehr schnell. Über die Muttermilch erhalten übrigens auch alle anderen Ebenen des Körpers Instruktionen von der Seele der Kindesmutter. Wir wissen, dass manche Mütter es nicht schaffen zu stillen. Dies hat andere Gründe und findet sich in den Themen wieder, die die Mutter betreffen. Es sollen sich bitte jetzt nicht die Mütter, die nicht gestillt haben, malträtieren. Alles ist heilbar und alles, aber auch wirklich alles, was in den frühen Kindheitsjahren geschieht, geschieht in Abstimmung des Seelenplans mit der inkarnierten Seele des Kindes.

Es gibt allerdings auch Übergriffe, die eine Art Schock auslösen können. Wenn zum Beispiel ein Kind geschlagen wird, fährt beim Schlag die Seele aus dem Körper und alles verliert an Gleichgewicht. Wenn Misshandlungen so stark und intensiv sind, holen wir die Seele sogar zurück, denn eine Erledigung des Seelenplans ist dann meist nicht mehr möglich. Wir tragen die Seele dann zurück in die Ebene, aus der sie stammt, und sie darf frei entscheiden, welchen Weg sie gehen möchte. Manchmal kommt es auch dazu, dass eine andere Seele in den Körper zurückkehrt, doch dies ist ein umfassenderes Thema, das ich zu einem späteren Zeitpunkt ansprechen werde.

Wenn eine Seele trotz Übergriffen in einem Körper bleibt, kann es sein, dass sich Seelenanteile abspalten und zu einem anderen Zeitpunkt zurückgeholt werden. So eine Einladung der abgespaltenen Anteile kann von der Seele selbst und bei Kleinkindern auch von den Kindeseltern ausgesprochen werden. In Naturvölkern wird es oft so gelebt, dass die Anteile über den Gesang, der die Seele eingeladen hat, in die Materie geleitet hat, zurückgerufen und integriert werden können. Ihr alle tragt dieses alte Wissen in euch. Ihr braucht nur euren Impulsen Folge zu leisten. Lasst die Stimmen in eurem Kopf, die dem Verstand entsprechen, still werden. In der Stille findet ihr die Wahrheit und könnt euch mit eurem Wissen verbinden. Ihr könntet soviel erahnen, wenn ihr euch darauf einlassen würdet. Ich bin immer für euch erreichbar, und ich würde mich sehr freuen, wenn ihr euch wieder an mich wendet würdet, so wie ihr es in vielen anderen Inkarnationen bereits getan habt. Ich bin Sophia und ich trage das Licht in euer Leben. Ich zeige mich jetzt in den Zeiten des Um- und Aufbruchs, damit ihr euch an mich erinnert und euch öffnet, sodass die Informationen und Qualitäten wieder zu euch fließen können und die Harmonie und Heilung in eure Ebenen fließen kann.

Wenn Kinder auf die Welt kommen, sind sie die ersten Jahre noch geschützt im Lichtkanal und in der Anbindung der Mutter. Kinder können mit all ihren Sinnen wahrnehmen, welche Wesen und Energien eine Mutter und auch den Vater umgeben. Sie tragen ein enormes Wissenspotential in sich, denn alle Informationen sind ungefiltert vom Bewusstsein zugänglich. Weise ist, die Kinder zu verehren und achtsam ihren Wegweisungen zu folgen. Auch hier können die Naturvölker eure Vorbilder sein. In vielen Stämmen werden die Zeichen der Kinder als Wegweiser gedeutet. Töricht ist, ihre Botschaften und Hinweise nicht zu erahnen.

Wenn die Eltern eine hohe Anbindung haben und ein offenes Bewusstsein für die geistige Welt und ihre Zusammenhänge, dann kommen nahezu keine dunklen Energien oder Wesen an diese Kinder heran. Sie dürfen geschützt ankommen und heranwachsen.

Für Kinder gibt es keinen Unterschied zwischen den Welten. Sie bewerten und unterscheiden noch nicht zwischen der Materie und der feinstofflichen Welt. Es ist beides real.

Manche Eltern beginnen sehr früh, ihrem Kind diese Wahrnehmungen abzugewöhnen, indem sie ihm sagen und vermitteln, die feinstoffliche Welt sei nicht real und Engel, Feen und Elfen gebe es nicht. Und auch die dunklen Wesen, die Tiere aus dem Schattenreich, von denen Kindern oft berichten, seien nicht real. Wenn die Kinder diese Welten als nicht existent erklärt bekommen, verschließt das ihre Sinne. Sie verkümmern. Die Wesenheiten bleiben jedoch da und sind real. Da wundert es nicht, dass viele Kinder Angst in der Dunkelheit empfinden.

Es gibt jedoch auch die Kinder, die geschützt und getragen aufwachsen dürfen. Alle Wahrnehmungen dürfen sein, und wenn ein solches Kind von den Schattenwesen berichtet, die die Eltern nicht sehen können, geht die Mutter in das Vertrauen in die Wahrnehmung des Kindes. Sie findet gemeinsam mit dem Kind heraus, wie das Wesen an seinen Platz gebracht werden kann. Was in solchen Momenten unbewusst passiert, ist, dass die Mutter mit ihren Energien in die Sophia-Energie eintaucht. Sie verbindet sich mit mir und lässt sich von mir führen. Eine ganz starke Kraft und unbändiger Mut werden spürbar und sie verlässt alle Angstfelder und nimmt ihr Kind an die Hand, um die Situation lichtvoll zu lösen.

Voraussetzung hierfür ist jedoch das tiefe Vertrauen in die Wahrnehmung des Kindes. Zweifelt nicht daran, wenn eure Kinder euch von Wölfen mit roten Augen berichten, die in ihrem Zimmer sind. Kinder sehen mehr als ihr. Sie filtern ihre Wahrnehmung noch nicht.

Kinder, deren Eltern in hohem Bewusstsein schwingen, haben die Möglichkeit, geschützt aufzuwachsen, und können sich dazu entscheiden, all ihre Facetten und Qualitäten mit in die Materie einzubringen. Bei Kindern, denen die Wahrnehmungen früh verschlossen werden, entscheidet sich die Seele oft dazu, nicht alle Anteile in die Materie mitzunehmen. Diese Kinder sind oft unruhig. Viele von ihnen entwickeln Verhaltensstörungen, weil sie nicht ganz sind. Sie sind ständig unbewusst auf der Suche und kommen über ihre verkümmerten Sinne nicht hinaus. Dies kann sich später natürlich ändern. Es kann geheilt werden. Alles kann geheilt werden, es kommt immer darauf an, wozu sich die jeweilige Seele entschließt.

Wenn mit den Jahren des Heranwachsens nach und nach vorrangig der Verstand bei den Kindern geschult wird, schlafen quasi die anderen Sinne ein. Ich bitte euch daher, euren Kindern zu vermitteln, dass beide Welten real sind. Haltet die Sinne eurer Kinder wach. Es gibt die Materie, in der das Leben stattfindet, und es gibt die feinstoffliche Ebene, über die ihr alle miteinander verbunden seid. Es gibt Lichtwelten mit Lichtwesen und es gibt Schattenwelten mit Wesen der Dunkelheit. Grenzt bitte keine Ebene aus. Zeigt euren Kindern, wie sie sich schützen können und wie alle Ebenen miteinander leben können.

Lebt ihnen vor, wie ihr euch jeden Tag in eine Lichtkugel hüllt zu eurem Schutze. Schließt dazu eure Augen und stellt euch vor – visualisiert –, wie ein helles Licht euch umschließt. Ich umfließe euch mit der Sophia-Energie. Und auch meine Energie wird in eure Lichtkugel einströmen können und auf euch einwirken können.

Dass der Verstand beim Kind vordergründig wird, geschieht gleichzeitig damit, dass das Kind ein eigenes Bewusstsein erhält. Alle Wahrnehmungen sind noch da und auch alles Wissen ist noch zugänglich. Es geht jetzt darum, was dem Kind erlaubt wird. Wie es erzogen wird und welche Ebenen und Wahrnehmungen jetzt aberzogen werden. Ich bitte euch inständig, euren Kindern nicht die Antennen zu nehmen, indem ihr ihnen vorgebt, welche Realität sein darf und welche nicht. Kinder im Alter von ca. 3 Jahren erinnern sich noch an andere Inkarnationen und manchmal berichten sie euch auch davon. Sie wären euch bestimmt sehr dankbar, wenn ihr ihre Erinnerungen aufschreiben würdet, damit sie für die Kinder zu einem anderen Zeitpunkt noch zugänglich sind.

Kindheit und Pubertät

In den ersten 7 Lebensjahren ahmen Kinder nach, schauen sich viel vom Umfeld ab und spiegeln ihr Umfeld auch. Sie bieten daher ein großes Heilpotenzial. In den darauf folgenden 7 Jahren findet sich die Seele ein und gibt dem Dasein das Bewusstsein. Also ab dem ca. 14. Lebensjahr ist die Seele verankert. Sie verlässt den Körper während des Schlafes und in Meditationsreisen oder Zeiten der Inneren Einkehr. Wenn die Seele in diesen Zeiten aus dem Körper tritt, dann bleibt sie durch eine Lichtschnur mit dem Körper verbunden. Die Loslösung der Verankerung der Lichtschnur aus dem menschlichen Körper erfolgt erst, wenn der Mensch stirbt und die Seele wieder komplett in die feinstofflichen Ebenen zurückkehrt.

Eine erfüllte Kindheit hat, wer einfach sein darf und sich entwickeln darf in einem liebevoll geschützten Rahmen. Jedes Kind hat eine eigene Persönlichkeit, die seiner Seele entspricht. Eure Kinder lernen in euren Schulen das Rechnen, Lesen und Schreiben. Es gibt auch Schulformen, in denen das Miteinander mit den Elementen und den feinstofflichen Ebenen gelehrt wird. Es geht gar nicht vorrangig um die Schulbildung an sich. Es geht darum, durch das Erlernen Kanäle in sich zu öffnen. Und ihr nutzt nur einen Bruchteil eurer Möglichkeiten. Ich bitte euch auf allen Ebenen, schränkt euch und eure Kinder nicht so sehr ein. Ermöglicht ihnen das komplette Dasein,

auch Seelen aus meiner Ebene, der Sophia. Sie haben alle besondere Aufgaben, Gaben und Talente, und sie brauchen den Rahmen, in dem sich alles entfalten kann. Eure Kinder haben Aufträge zu erfüllen und Tore zu öffnen für euch alle und daran sollten sie nicht gehindert werden. Vertraut euren Kindern und traut ihnen alles zu. Glaubt mir, sie wissen vieles so viel besser als ihr, wenn ihr es ihnen erlaubt.

Bitte nehmt zu der schulischen Ausbildung auch die spirituelle Ausbildung und Unterrichtung vor. Es gibt bereits viele Bücher und es werden auch noch mehrere Bücher auf die Welt kommen, nach denen Kinder in die Realität und Existenz aller Wahrnehmungen eingeweiht und erinnert werden können. Ihr braucht euch nur dafür zu öffnen und alles von euch lösen zu lassen, was euch davon abhält oder daran hindert, eure Kinder spirituell offen zu halten und auch hier weitere Kanäle zu öffnen.

Kindern bleiben bis zum Zeitpunkt der Pubertät automatisch alle Zugänge offen, soweit sie nicht von euch abtrainiert werden. Mit dem Eintritt in die Pubertät ändert sich das. Im Körper des Kindes findet eine Umstrukturierung statt. Einerseits geraten Kinder dann tiefer in die Trennungsillusion, sodass sie hier noch mehr Hilfestellung benötigen, um nicht in einen tiefen Sumpf des Vergessens zu geraten. Andererseits findet in der körperlichen Symbiose ein Wechsel statt. Manche Wesen verlassen den Körper ganz und andere kehren jetzt ein.

Haltet die Kinder im Lichtkanal, sodass hier nur geschieht, was in Abstimmung mit dem Seelenplan ist.

Wenn ihr euren Kindern in frühen Kindheitstagen bereits vorlebt, wie wichtig es ist, sich in lichtvolle Ebenen zu verbinden, lichtvollen Schutz herbeizurufen und Dunkles aus den Systemen heraus zu befehlen, dann ist dies der Grundstock für eine heil- und lichtvolle Transformation in der Pubertät.

Derzeit beobachten wir oft, dass Pubertierende sehr auf sich allein gestellt sind. Sie werden an elektronische Medien herangeführt, die letztendlich noch die lichtvollen Energien absaugen, die eine Transformationsphase sanft geleiten sollten. Spielekonsolen, Computerspiele schwächen nicht nur die Aura eines Menschen, sondern sie ziehen das Bewusstsein in dunkle Ebenen, fern vom Licht. Gleiches geschieht im Internet. Hier tummeln sich unendlich viele dunkle Wesen. Und wenn ein Kind nie lernt, wie es sich von dunklen Wesen befreit, dann kann es nie unbeschadet diese Medien nutzen. Diese Medien sind ein Übergriff, sie wurden von der dunklen Seite der Menschheit entwickelt, um Manipulation gegen den lichtvollen Aufstieg zu wirken. In den Zeiten der Pubertät brauchen die Kinder den absoluten und uneingeschränkten Bezug zur Natur, damit in Abstimmung mit ihr ein Zusammenspiel aller Körperebenen mit den Seinsformen stattfinden kann. Nur in der Natur werden alle Elemente und Ebenen in den Systemen aktiviert und lichtvoll in das Sein integriert.

Tabletten, Alkohol, Zucker nehmen die Wahrnehmung, öffnen die Aura für Übergriffe und Besetzungen. Ab dem Eintritt der Pubertät ab ca. 9. Lebensjahr (Dies kann je nach Entwicklung der Seele um plus – minus 2 – 3 Jahre schwanken) können Besetzungen bei den Kindern haften.

Hier braucht es wache Eltern und Helfer, die immer wieder die Systeme der Kinder prüfen und reinigen. Für diese Tätigkeiten werde ich ab sofort Sophia-Energien der Erde zur Verfügung stellen. Jeder, der mit diesen Energien arbeiten kann, wird diesen Impuls spüren, und ich lade euch ein, in der Meditation in meinen Schoß zu reisen. Ich werde euch dort empfangen und in Heilebenen führen, die eure Systeme öffnen, alte Krusten aufbrechen und alte Wunden von innen heraus verheilen lassen. Sodann werdet ihr eingeweiht werden können in diese Wahrnehmungsebene. Ich freue mich auf euch und stehe euch liebevoll mit vielen Wahrnehmungsgaben, Informationen und Heilenergien zur Verfügung. Dies ist die neue Qualität des Aufstiegs. Wir hohen Ebenen sind unmittelbar zu erreichen und wirken direkt an, in, mit und durch euch. Wir brauchen nur eure Bitte als energetische Einladung.

Ab der Pubertät ist die Seele geöffnet und alle Veranlagungen der Seele können sich entfalten. Je wacher alle Sinne, auch die außersinnlichen, gehalten wurden, desto freier und leichter ist diese Entfaltung möglich. Wenn sich die Stimmlagen verändern, ist dies ein Zeichen dafür, dass die Seelenenergien in ihrer Reinheit jetzt durchkommen wollen. Löst euch hier bitte von hoch und tief und konzentriert euch auf stark, vollkommen und kraftvoll.

Aus Jungen werden Männer und aus Mädchen werden Frauen. Während der Pubertät kommen verstärkt Anteile aus den Dimensionen Atlantis, Lemuria und Avalon in das Bewusstsein und Programme und Einspeicherungen aus diesen Ebenen kehren in die Systeme ein. Die Seele kann sich ausrichten und vorbereiten. Die Erinnerungen an andere Inkarnationen sind in dieser Phase versperrt. Jedoch fügen sich alte Programme und Erfahrungen anderer Inkarnationen jetzt in das Energiefeld der Seele ein. Diese wollen erlöst, geheilt und transformiert werden, was bereits jetzt in dieser Transformationsebene der Pubertät schön möglich ist – dank der neuen Qualität.

Zuvor war es so, dass diese Transformationsarbeit erst im Erwachsenenalter möglich war. Doch wenn Kinder jetzt in neuem, offenen Bewustsein heranwachsen können, wird diese Auflösungsarbeit in der Pubertät geschehen können, sodass sich die Seele in der Erwachsenenphase ihrer Entwicklung und ihren Aufgaben widmen kann. Komplett abgeschlossen ist diese Phase bis zum ca. 21. Lebensjahr. Auch hier gilt die Variierung gemäß dem Entwicklungsstand der Seele von ca. 2 Jahren.

Sobald die Pubertät durchlebt ist, kann die Seele ohne das Zutun der Eltern frei entscheiden, inwieweit die Kommunikation mit den feinstofflichen Ebenen stattfinden darf. Ab diesem Zeitpunkt kann eine Mutter oder ein Vater zwar einen Engel zum Beispiel an die Seite des jungen Erwachsenen bitten, jedoch wäre eine Heilsitzung ohne die Zustimmung des jungen Erwachsenen Manipulation und würde nicht gegen seinen Willen oder ohne Zustimmung erfolgen können. Kein lichtes Wesen arbeitet gegen den Wunsch oder ohne die Zustimmung der Seele.

Es braucht jetzt die klare Zustimmung und klare Ausrichtung der Seele für alle Bereiche und Ebenen, die jetzt anstehen. In dieser Phase wenden sich die Kinder ihren Aufgaben zu. Sie strampeln sich frei aus familiären Strukturen und können aus dieser Abstandsposition heraus nun auch Heilarbeit in der Familie leisten. Meine Energie, die Sophia-Energie, wird eine weitere Dimension, eine andere Stufe erreichen können. Das, was Sophia ausmacht, ist die Intensität der reinen Energien, die sich wie ein sanftes Liquid auf Lebenswege, Historien legen können und wie eine sanfte Lichtwelle hinweg spülen, was die Seele und auch andere Wesen an dunkle Strukturen gebunden hält.

Das Sein des Erwachsenen

Der Mensch hat die Aufgabe, nicht nur für sich den Aufstieg zu erreichen und seine Aufgaben zu erfüllen, sondern für alle Wesen und Ebenen. Viele Wesen und Ebenen sind euch verborgen. Ihr könnt sie eventuell noch erahnen, also die Hinweise von euren Ahnen hierzu erhalten. Eure Zeit ist so schnelllebig, dass ihr euch nicht die Zeiten der Inneren Einkehr nehmt, um über Situationen, Erfahrungen oder Aufgaben zu sinnieren. Dadurch kommt ihr auf eurem Lebensweg ins Stolpern.

Es ist an der Zeit, dass mehr Bewusstheit in die unterschiedlichen Ebenen des Tagesablaufes fließt.

Wenn ein Mensch erwachsen ist, kann und hat er alle Entscheidungen bewusst zu treffen. Die Seele ist im Körper und sendet immer wieder Impulse für den Lebensweg und für die Themen, die geheilt werden möchten. Denn was die Seele braucht, das weiß nicht der Verstand, sondern die Gefühle senden die Signale.

Die Seele sollte voll integriert sein, und wer in sich ruht und auf das Leben vertraut, der wird die Erfüllung seines Seelenplanes erreichen können. Jedoch ist es oft so, dass sich Seelenteile auf dem Weg zum Erwachsenen abtrennen und zurückziehen. Dieses passiert manchmal, weil Menschen in ihrer Kindheit oder Jugend misshandelt wurden, oder aber auch schon dann, wenn diesem Menschen viel verboten wurde. Wenn sich ein Kind oder Jugendlicher energetisch ungeschützt von elektronischen Medien unterhalten lässt, verlassen auch die eigenen hochschwingenden Seelenanteile den Menschen, zum einen um vor Missbrauch und Manipulation geschützt zu werden und zum anderen aus einer Energie wie einer Resignation. Wer ungeschützt und ohne lichtvolle Ausrichtung mit elektronischen Medien arbeitet oder sich auch nur die Zeit vertreibt, verliert seine Anbindung und die Seelenanteile können sich nicht mehr im Körper halten.

Ich möchte euch gerne einen übergeordneten Blick darauf gewähren, was geschieht, wenn ihr euch vom Fernsehprogramm berieseln lasst. Es ist eine unentwegte Manipulation eurer Entscheidungsfelder, und die Energien, die in Unterhaltungsfilmen kreiert und dargestellt werden, kommen ungefiltert in eure Wohnungen und Häuser. Falls ihr beim Fernsehen einschlaft, verliert ihr jegliche Kontrolle darüber, welche Energien in eurem Hause sind.
Auch Schattenwesen können durch diese Energien in eure Häuser gelangen. Wenn ihr euren Blick wieder schärfen würdet und diese Wesen wieder sehen oder spüren könntet, dann würdet ihr niemals mehr vor dem Fernseher einschlafen.

Selbstverständlich dürft ihr fernsehen, jedoch mit dem entsprechenden Bewusstsein. Schützt euch und eure Räume energetisch mit hellem Licht und bittet die Engel, ein Schutzfeld zu öffnen, bevor ihr fernseht. Nach dem Fernsehen lasst alle Energien und Wesen, die nicht zu euch gehören, von den Engeln und hohen Lichtwesen in die hohen, lichten Ebenen transportieren. Behaltet sie nicht bei euch.

Macht es euch zur Gewohnheit, dass ihr nach der energetischen Reinigung des Hauses, die ihr mit den Engeln vornehmt, auch alle Anteile eures Seins zu euch zurückruft in reiner, lichter Form. Spürt, wie dann auch die Seelenanteile, die sich euch oft in ganz hellem Licht zeigen, in euer Sein zurückfließen und lasst euch von mir oder von den Engeln einen Schutz umlegen, damit sich keine Wesen an euch setzen können, die sich von euren Energien ernähren wollen oder euch von eurem Lichtweg abbringen wollen.

Wenn ein Körper müde wird und sich schlafen legt, gehen unterschiedliche Ebenen auf astrale Reisen in die Feinstofflichen Ebenen. Wohin die Reise geht, ist ganz unterschiedlich und individuell. Einige stellen ihr Licht zur Verfügung, um an anderen Orten heilend und lichtbringend wirken zu können. Dies kann ein Ort auf der Erde sein. Es kann aber auch sein, dass eine Seele zu anderen Planeten oder Sternensystemen oder auch in die Engel-Ebenen reist. Ihr könnt das Ziel eurer nächtlichen Schlafreise auch beeinflussen, indem ihr euch wünscht, an bestimmte Orte zu reisen. Sobald die Seele aus dem Körper austritt, geleiten Engel und manchmal auch andere geistige Helfer die Seele, damit sie unbeschadet durch die Erdschichten kommt. Erdgebundene Seelen, die den Weg nach Hause noch nicht gefunden haben, halten sich oft in Zwischenebenen auf. Auch diese Zwischenebenen werden astral durchschritten.

Wenn eine Seele diese Ebenen ungeschützt durchquert, wie es zum Beispiel geschieht, wenn ein Mensch Computerspiele spielt und die Seele aus dem Körper gesogen wird, kommt es meist zu Anhaftungen. Ungeschützte Seelenanteile werden besetzt. Suchtwesen, die eigens von der dunklen Seite für die Menschen kreiert wurden, damit sie einfach nicht aufhören können, einem solchen Computerspiel nachzugehen, heften sich an die Seelenanteile und manipulieren sie. Sie gaukeln ihnen eine Erfüllung und ein Glücksgefühl vor, das jedoch nicht lange anhält. Doch ist der Preis, den die Seele dafür zahlt, sehr hoch. Für diese kurzen Kicks nisten sich diese Wesen zum Beispiel in die mentalen oder körperlichen Ebenen ein. Sie ernähren sich vampirisch von den Energien des Menschen und senden immer wieder Impulse für weiteres Suchtverhalten, sodass ein Mensch, der davon befallen ist, ständig auf der Suche bleibt und nicht in die innere Ruhe findet. Oft führen diese Energien in Alkohol-, Medikamenten- oder Drogensucht und bringen Depressionsfelder mit sich.

Viele dunkle Wesenheiten werden von euch selbst kreiert – wenn ihr zum Beispiel eine Angst hegt und ihr immer wieder nachgebt, sie nährt und stärkt, dann wird sie übermächtig und sich zu einem eigenen Wesen bilden können, das genau die Energie transportiert, aus der sie entstanden ist. Auch diese Wesen befinden sich erdnah und können auf andere Menschen überspringen, so sie ein Resonanzfeld dazu haben.

Wenn ein Kind, das noch alle Wahrnehmungsebenen hat, oder ein Erwachsener, der seine Wahrnehmungsebenen wieder geöffnet hat, sich zum Schlafen hinlegt, kann dieser Mensch sehen, welche Wesenheiten um ihn herum sind. Er kann riechen, schmecken, hören und auch fühlen, wer oder was gerade bei ihm andocken möchte. Kinder und auch Erwachsene, die sich nicht geschützt sehen, wehren sich dann dagegen einzuschlafen. Sie entwickeln so bereits in frühen Jahren eine Struktur, die es ihnen nicht erlaubt, irgendeine Form von Kontrolle abzugeben. Sie spannen sich an und das öffnet ihre Systeme, macht sie zugänglich für alle existenten Ebenen. Erst wenn dieses Kind, dieser Mensch eine entspannte Haltung einnimmt, kann ich mich wie eine Mutter um den Menschen hüllen, ihn tragen und halten im warmen Schoß der Liebe und Heilung. Sobald Kinder mich – Sophia – sehen oder spüren, entspannen sie sich und können sanft in den Schlaf gleiten. Daher ist es so wichtig, dass alle Menschen das Gefühl haben, dass sie beschützt und begleitet werden, um die Entspannungsstufe erreichen zu können, die ich brauche, damit ich mich schützend um den Menschen legen kann. Erst in entspanntem Zustand können sich auch die eigenen Schutzenergien entfalten.

Während der astralen Reisen der Seele in der Nacht werden die Seelenanteile, die keinerlei Resonanz bieten, geschützt und durch diese Ebenen hindurchgeführt. Doch sobald Resonanzfelder bestehen, egal ob bewusst oder unbewusst, können diese Wesen anhaften, sich an euch bedienen und von eurem Licht und eurer Energie leben. Dies ist nichts, wovor ihr Angst haben müsstet, denn wenn ihr euch tagsüber mit eurem Bewusstsein in das Licht ausrichtet und visualisiert, dass eure Energiesysteme aus den hohen Ebenen genährt und aufgeladen werden, dann wird dem auch so sein. Die hohen, lichten Ebenen lassen niemanden zurück, der auf dem lichten Pfade ist.

Wenn ihr Sucht- oder Angstblasen kreiert habt, dann habt ihr auch die Kraft und die Macht, diese Wesen wieder in ihre eigene, reine Energieform zurückzuverwandeln. Im Grunde sind diese Wesen lediglich eingebundene Energie, die es zu befreien gilt. Von daher ist es sogar wichtig, dass die von euch kreierten Wesen vom Licht genährt werden, so lange, bis sie von euch transformiert werden können. Was euch von diesen Wesen unterscheidet, ist, dass ihr das Bewusstsein habt und auch die Fähigkeit, diesen Wesen die Energien vorzugeben und sie zu erlösen. Diese Wesen können euch zwar schwächen, Eure Angstfelder vergrößern oder eine Sucht verstärken. Jedoch können Sie euch nicht in dunkle Energie verwandeln. Das ist nicht möglich.

Manche von euch wachen durchaus morgens auf und fühlen sich schwach und ausgelaugt. Dem wird dann auch so gewesen sein. Denn über die Resonanzfelder gehen wir nicht hinweg. Die geistige Welt würde euch die Heilmöglichkeit nehmen. Ihr würdet so lange in die jenseitigen Ebenen geführt, bis ihr diese Felder aufgelöst habt und die Wesen in reine, lichte Energie verwandelt worden sind. Die Engel und geistigen Helfer geleiten euch und schützen eure lichten Anteile vor Übergriffen. Diese Anteile werden quasi unsichtbar gemacht für die dunkle Seite. Die angstbesetzten Anteile werden solange vor ihre Auflösungsaufgabe gestellt, bis diese Aufgabe erfüllt ist. Auch hierzu stehe ich – Sophia – dir zur Seite. Es braucht nur eine Ausrichtung und Öffnung deiner Seele für die Energien, die ich zur Verfügung stelle, und schon kann ich dich stärken und führen. Ich kann dich instruieren, diese Anteile aufzuspüren und aufzulösen. Denn keiner ist so stark wie du selbst, der du sie – bewusst oder unbewusst – erschaffen hast.

Es gibt auch Anteile, die gehen des Nachts in andere weltliche Regionen, doch um die geht es hier nicht. Wenn der schlafende Körper zurückbleibt, wird er geschützt von mir – Sophia. Wenn du mich darum bittest, es mir also erlaubst, dann wird nichts und niemand an mir vorbeikommen, um in deinen Körper einzukehren. Visualisiere hierzu, wie ich, bevor du in die Schlafphase übertrittst, meinen Schoß um dich herum ausbreite und meine Energien sanft über dich lege, wie eine Mutter ihre Schürze, wenn sie ein Kind verstecken möchte. Engelscharen werden dich umgeben und einen sanften Übergang aus dem Körper in die *Astrale* Welt ermöglichen. Dein Körper wird in meinem Schoße unter der Schürze von Lichtenergien geschützt und bedeckt sein. Er wird genährt, versorgt und meine Heilenergien strömen in die Körperebenen, um in deinen körperlichen Tiefen die Heilprozesse anzustoßen, die du auf der Seelenebene anstrebst. Auch in der Aufwachphase finde dich in meinem Schoße wieder, ganz lichtvoll, getragen und geborgen. Ich werde dich in den Tag hineingleiten lassen, sobald deine Seele wieder in deinem Körper ist. Könntest du mit all deinen Sinnen die Wesenheiten und den energetischen Dschungel um dich herum einmal wahrnehmen, so würdest du nicht eine Sekunde zögern und dich immer wieder auf das Licht und den Schutz ausrichten.

Es gibt auch Seelen, die auf anderen Ebenen zugestimmt haben, sich für andere Zwecke als die Lichtarbeit zur Verfügung zu stellen. Dann werden diese Körper nicht von mir geschützt werden können. Denn auch ich habe den freien Willen einer Seele zu akzeptieren.

Wenn ihr morgens in den Tag hinübergleitet, kommt ihr aus der energetischen Unendlichkeit in euer scheinbar begrenztes Sein. Es scheint jedoch nur begrenzt, da die Begrenzungen lediglich auf eurer Seite, also in der festen Materie, vorhanden sind. Auch hier gilt: Begrenzung ist eine Illusion – eine Energie, die ihr Menschen euch selbst kreiert und auferlegt habt. Es gibt auch andere Begrenzungen, wie zum Beispiel die, die ihr euch selbst und ganz bewusst mit dem Untergang von Atlantis auferlegt habt. Viele von euch haben sich dazu entschlossen, die Verbindung zur Geistigen Welt zu unterbrechen. So habt ihr auch eure Werkzeuge und eure Weisheiten an sicheren Orten abgelegt, um euch davor zu schützen, eure Kräfte den dunklen Mächten zur Verfügung zu stellen. Auch hier ist es so gewesen, dass euch Illusionen vorgegaukelt wurden. Euch wurde ein Gefühl von Glückseligkeit und Erfülltheit versprochen, wenn ihr euch nur mächtig fühlen konntet. Auch diese scheinbaren Glücksgefühle waren nicht von Dauer. Denn je mehr ihr euch der dunklen Seite zur Verfügung gestellt hattet, desto mehr hat diese Seite von euch eingefordert. Eine ganz klare Suchtstruktur, die nur möglich war, weil ihr das Feld des Vertrauens verlassen habt. In eine Sucht fällt ein Mensch, der etwas sucht, und wer etwas sucht, kann nicht gleichzeitig im Vertrauen sein, dass alles für ihn parat steht und von allem, was dieser Mensch braucht, ausreichend vorhanden ist. Wer sucht, blockiert auch Heilungswege, da er ständig auf dem Weg und auf der Suche nach Veränderungen ist. Somit verlässt der Mensch den Weg der Seele, den Fluss des Lebens und beeinflusst seinen Lebensweg. Auch dies ist meist atlantisches Erbe – ein Verhaltensmuster, das euch letztlich nur begrenzt und in einer Illusion gefangen hält.

Wenn ihr euch von solchen Beschränkungen befreien wollt, dann braucht es eure Zustimmung auf allen Ebenen. Es gibt viele unterschiedliche Wege, dieses Erbe aufzuarbeiten und eure Systeme von solchen Prägungen und Illusionen zu befreien. Im Zuge des Aufstiegs und der Annäherung der Erdebene an die hohen, lichten Ebenen sind jedoch noch weitere und stärkere Hilfen für euch zur Verfügung gestellt worden. So darf ich euch heute mitteilen, dass jeder Mensch in seinem Herzen einen goldenen Lichtschlüssel trägt, den er wieder in seinem Bewusstsein auf- und an sich nehmen darf, um eigens verschlossene Ebenen, Portale, Türen oder auch Truhen und Schatullen zu öffnen, in denen sich Aspekte des Lichtwesendaseins verschlossen halten.

Weiterhin öffnet dieser Schlüssel Ebenen, in denen lichte Wesen, die euch zur Verfügung stehen, eingeschlossen sind. Diese Wesen wurden absichtlich von den dunklen Mächten von euch entfernt, denn sobald diese Lichtwesen euch wieder umgeben können gewissen Manipulationsebenen nicht mehr an euch heran. Manche Illusionen werden euch nicht mehr erreichen. Wundert euch daher nicht, dass nach dem Öffnen dieser Ebenen das ein oder andere Kartenhaus eurer Illusion zusammenbricht und ihr unter dem Kartenhaufen Lichtwege finden werdet, die eine ungeahnte Freiheit in euch hervorrufen.

Weiterhin findet ihr in eurer Herzensebene einen Umhang, der sich aus reinem Licht um euch legt und Grenzen eures Daseins deutlich macht. Sobald ihr eine Grenze seht, fokussiert euch auf deren Auflösung und bittet mich und visualisiert, wie ich oder die Engel diese Grenzen wie ein lichtvolles Band aus eurem Dasein hinausziehen. Wenn eine Begrenzung geht, stellt sich zuerst ein Gefühl von Schwindel ein und es fühlt sich an, als ob etwas aus euch herausfließen würde. Haltet den Fluss nicht auf. Euer Dasein, euer Bewusstsein kann unendlich sein, da braucht ihr keine weiteren Grenzen. Wenn ihr Grenzen in eurem Bewusstsein auflöst, dann gebt euch selbst und eurem Bewusstsein Zeit und Raum, sich zu verändern und zu befreien, bevor ihr weitere Heilarbeit anstrebt. Alles braucht seinen Raum, in dem die Veränderung erfolgen kann. Wenn du es wünschst, übernehme ich gerne deine Führung und werde dir die Impulse senden, sobald deine Systeme für den nächsten Schritt, die nächste Auflösung von Grenzen oder was auch immer es sein mag, bereit sind. Es wird dir nicht möglich sein, einen solchen Impuls nicht wahrzunehmen. Auch darauf darfst du vertrauen.

Ich möchte euch immer wieder daran erinnern und dazu ermutigen, mit mir und all den Lichtwesen Kontakt aufzunehmen. Ihr findet den Weg zu uns in eurem Herzen, in euren Gedanken. Findet den Weg in die Stille und lasst die Gedanken ruhig werden. Je entspannter ihr seid, desto klarer können wir zu euch sprechen. Wir haben euch viel zu geben, das euch in die Leichtigkeit hebt, die ihr braucht, um eure Themen zu heilen, eure Schmerzfelder zu verlassen und euch auf den Inneren Frieden in euch und für euch alle auszurichten.

Aus der Natur wisst ihr, dass bei einem Baum für jedes neue Lebensjahr ein neuer Kreis in seinem Stamm hinzukommt. Genauso ist es auch bei euch Menschen. Natürlich verändern sich alle Zellen, sie erneuern sich stetig. Eure körperliche Entwicklung unterliegt den in der Natur vorgesehenen Rhythmen. Ihr versucht es in eurer Forschung und Medizin zwar immer wieder, doch beeinflussen könnt ihr diese Rhythmen nicht. Ihr könnt sie nicht kopieren und nicht übertragen. Die Verbindung zur Natur und zu den durch die Natur in euch angelegtem Gut besteht, und da liegt die Wahrheit und da seid ihr eins und mit allem verbunden.

Wie bei den Bäumen so entsteht auch in euch mit jedem neuen Lebensjahr ein weiterer Kreis. Er entsteht in eurer Mitte und trägt die alten Lebenskreise von innen nach außen. Aurasichtige Menschen können das sehen, viele spüren es auch. Am Tag der Geburt werden Tore geöffnet. An Geburtstagen können Menschen leichter in ihre Bestimmung finden und am Seelenplan anknüpfen. Jedes Jahr aufs Neue. Am Geburtstag ist der Weg offen für den Zugang in die feinstoffliche Welt. Am Geburtstag strömt eine weitere Qualität in euer Sein und trägt alte Erfahrungen und auch Verkrustungen nach außen. In jedem Lebensjahr geht es um neue Themen. Sobald ihr erwachsen seid, die körperlichen und seelischen Entwicklungsstufen erlebt habt, habt ihr jeweils einen Jahreskreislauf, um ein Thema zu heilen. Wenn ihr eine Heilung nicht erreicht, lasst sie so heranwachsen und gedeihen, wie es ihrer Seele entspricht. Nicht jedes Kind wird ständig mit Naturwesen sprechen und nicht jedes Kind wird mit den Engeln oder Verstorbenen spielen, aber einige möchten, können und werden es.

Wenn die Seele in der Kindheit spürt, dass sie nicht alle Aspekte miteinbringen darf oder kann, dann werden diese Qualitäten wie unter ein dunkles Samttuch gelegt und deaktiviert. Sie dürfen sich nicht mehr entwickeln, verkümmern, und dies führt in den meisten Fällen zu einer seelischen Behinderung, öffnet das Bewusstsein für dunkle Ebenen. Durch Einschränkungen und Verbote erhalten viele Kinder bereits in frühem Entwicklungsstadium energetische Schäden und Verletzungen und auch Verkümmerungen, die spätere Depressionen, Angstzustände und auch Suchtpotenziale mit sich bringen.

Für Kinder ist es wichtig, dass sie frei wählen dürfen, welchen Weg sie gehen. Viele Menschen, die überhaupt nicht spirituell zu sein scheinen, leben in einer ganz hohen Anbindung, ohne jemals darüber gesprochen zu haben, und manche sogar, ohne dass es ihnen überhaupt bewusst ist. Sie leben die Einheit, die viele von euch so sehr anstreben und vermissen. Und jedes Kind hat das Recht darauf, frei zu wählen, in welchen Ebenen und mit welcher Ausrichtung es heranwächst und sich entwickelt. Die Kinder, die jetzt auf die Welt kommen, sind so weit entwickelt, dass sie dies für sich entscheiden können. Viele von den Kindern stammen aus den sehr hochschwingenden Energien. So gibt es derzeit auch Kinder aus der Erzengelebene, die auf eurer Welt heranwachsen und wirken wollen. Es gibt dann bleibt dieses Thema stehen für einen anderen Zeitpunkt. Manchmal rücken diese Themen dann einfach nach, gerade so, wie sie dran sind. Wundert euch daher nicht, wenn ihr das Gefühl bekommt, dass ihr dachtet, das, was euch gerade widerfährt, hätte sich schon längst erledigt. Für jede Heilung eines Lebensthemas habt ihr einen kompletten Jahreskreislauf zur Verfügung.

Die Felder

In diesem Buch spreche ich oft von Feldern, in denen ihr Menschen euch aufhaltet, und ich bitte euch, diese wie Seifenblasen zu sehen. Seifenblasen, angefüllt mit einer Energie, die teils von euch, teils im Kollektiv genährt wurde. In machen Feldern haltet ihr euch allein auf, manche Felder teilt ihr mit anderen Wesen und Seelen. Ihr könnt lernen und trainieren, diese Felder zu sehen und zu verlassen.

Egal, welche Felder es sind, es sind Seifenblasen und ihr könnt sie verlassen. Ihr könnt sie einfach auftrennen und hinaustreten. Schön wäre es, wenn ihr euch auch körperlich dabei mindestens einen Schritt in irgendeine Richtung bewegt. Bitte lasst solche Felder niemals offen stehen, wenn ihr sie verlassen habt. Bittet die Engel darum, sie zu verschließen und direkt in die lichten Ebenen zu führen. In manchen Feldern seid ihr nicht allein, diese können dann nicht einfach aus euren Ebenen herausgenommen werden.

Aber ihr dürft immer beim Verlassen eines Feldes darum bitten, dass andere Seelen und Wesenheiten, die eventuell noch in diesem Feld eingeschlossen sind, von Engeln oder auch von mir aus den Feldern herausgeführt werden. Ob die anderen Wesen diesen Schritt gehen werden, ist ihre eigene Entscheidung, die wir zu achten haben. Manche Seelen oder Energien sind auch aufgrund anderer Ursachen in solchen Feldern, das muss sich euch nicht immer erschließen. Jede Heilung geschieht zur rechten Zeit. Und es ist es immer wert und für alle Beteiligten leichter, wenn ein frommer Wunsch oder eine herzliche Bitte diese Türen zur Heilung öffnet. Erst wenn das Licht in die Dunkelheit scheint, nimmt man wahr, ob man selbst im Schatten oder im Licht ist. Denn auch der Schatten wird hell und hat Farbfacetten, wenn man sich lange genug darin aufhält.

Ich lege euch ans Herz, morgens und abends zu erspüren, ob es dunkle Felder gibt, in denen ihr euch aufhaltet, und dann, wenn ihr diese erspürt, öffnet diese Energiefelder und steigt energetisch, wie zuvor beschrieben, heraus. Ihr könnt diese Felder auch erahnen. Bittet eure Ahnen um Impulse. Falls ihr morgens schwer und nur schleppend aufsteht, könnt ihr absolut sicher sein, dass ihr von schweren Energien umschlossen seid. Wenn ihr auch zu wenig geruht habt und müde aufwacht, dann ist es so, dass eure Aura und euer energetischer Schutz geschwächt und durchlässig sind und sich Felder mit Energievampiren um euch legen können. Es gibt Wesenheiten oder auch Strukturen anderer Menschen, die es beherrschen, über solche Felder auf andere Menschen zuzugreifen und sie zu manipulieren. Das sind Ebenen, die meist nicht bewusst gelebt werden, sondern von dunklen Wesenheiten gesteuert sind, die auch diese Menschen steuern und beeinflussen. Ich möchte euch jedoch nicht nur auf die dunkle Schattenseite aufmerksam machen. Denn was ihr viel mehr um euch findet werdet, wenn ihr nur wieder anfangt, hinzuschauen, das sind die lichten Ebenen und die unzähligen Lichtwesen und Lichtschwingungen um euch herum. Auch ich bin um euch.

Wie zu Anfang bereits erwähnt, gleitet jedes Wesen, jeder Engel, jeder Mensch durch meine Ebene, bevor er geboren wird und in die irdische materielle Welt eintreten kann. In dieser Phase entsteht eine Verbindung mit mir, die euch das Leben lang nicht verlässt. Und wenn ihr in ganz sanften, ruhigen Momenten bei euch seid, dann spürt ihr diese Ebene und könnt euch an mich erinnern. Ihr könnt meine Energie einatmen und eure Körper damit erfüllen lassen. Das ist eine Heilatmung, die ihr an jedem Ort, in jeder Lebensphase und zu jeder Zeit vornehmen könnt. Atmet ein und stellt euch vor, Ihr würdet die Essenz der Sophia – der Urmutter aller Wesen – wie einen Lichtstrahl einatmen und dieser Lichtstrahl fließe durch euch und erfülle euer ganzes Sein. Dieser Lichtstrahl legt sich sanft um euch und schützt euch vor Übergriffen und hält euch warm und geborgen. Ihr braucht nur mit eurem Bewusstsein in diese Heilatmungsübung zu gehen und die Wirkung folgt prompt. Dank der hohen Energien, die die Erde halten.

Bei allem, was ihr denkt oder tut, richtet euch immer auf die lichten Energien aus. Visualisiert immer, dass ihr im Licht geschützt und getragen seid. Ihr ladet immer das in euer Leben ein, worin ihr euch aufhaltet, gedanklich oder auch emotional. Wenn ihr anfangt, euch immer auf das Licht und den Frieden in euch auszurichten, dann wird diese Seite in euch immer stärker und kräftiger und kann wachsen und letztendlich euer ganzes Sein erfüllen, bewusst und auch unbewusst. Es geht im Leben nicht darum, was ihr tut, sondern es geht immer um das *Wie*. In welchen Energien haltet ihr euch auf und welche Energien strahlt ihr aus. Wir können sehen, dass viele Menschen allein durch die Energien, die sie aussenden, bereits andere Menschen verletzen, unterdrücken und auch manipulieren. Es ist an der Zeit, dieses Verhalten umzustellen. Ich bitte euch auf allen Ebenen, haltet inne und richtet euch immer auf den Frieden im Herzen aus und macht es euch zur Gewohnheit, diese Energie nach außen zu transportieren und in die Welt zu geben, nur so kann die Welt ein friedlicher Ort werden.

Jahreskreislauf

Jeder Jahreskreislauf birgt besondere Zugänge und Qualitäten und umfasst 12 Zyklen.

Wobei jeder Zyklus – ihr nennt ihn *Monat* – ureigene Themen, Heilungsmöglichkeiten, Zugänge und Energien mit sich bringt.

Der *Januar* hält noch bedeckt, was in euch brodelt. Schmerzthemen senden ihre Boten voraus. Schmerzende Stellen lassen sich erspüren. Das Eingemachte in euch kommt in Bewegung, strebt dem Licht und der Heilung entgegen. Meist sind es ganz tiefsitzende Erfahrungen und Prägungen aus anderen Inkarnationen, die angeschaut werden wollen. Alte Krusten sind noch verschlossen. Im Januar sind die Ebenen zum Jenseits, zur Verstorbenenebene und auch zu den Zwischenwelten offen. Naturwesen sind noch nicht aktiv, da sie, wie die Natur an sich, sich zu einer Erholung zurückgezogen haben. Sie bringen zwar Freude und Licht in euer Haus, jedoch sind sie heilerisch nicht sehr aktiv.

Im Januar – so wie während des gesamten Jahreskreislaufes – sind die Engel für euch da. Sie können ihre Energien bis in eure Tiefen senden und Heilimpulse geben. Die Engel übersetzen euch den alten Schmerz. Im Januar richten sich in euch die Energiebahnen so auf, wie es für die anstehende Reise eurer Seele in die nächsten Schichten nötig wird.

Es ist jedoch auch die dunkle Seite sehr aktiv. Tief im Inneren der Erde schlummern die Unterwelten mit ihren Energien und Wesenheiten. Aus diesen Ebenen schleichen sich gerne dunkle Strukturen in eure Systeme. Sie kriechen von unten in eure Mitte, erspüren eure schwachen Punkte und schicken Impulse und Illusionen, um euch auf einen Weg zu führen, der der Befriedigung des Egos dient und nicht der Auflösung der Egostrukturen und Verletzungsebenen. Vor dieser Manipulation möchte ich euch schützen. Wenn ihr es wünscht und ihr bereit seid, eure Themen aufzulösen, dann führe ich euch gerne in eure Schattenseiten, halte sie euch hin, sodass ihr sie erkennen könnt. Sobald diese Schatten eurer Seele bekannt sind, könnt ihr euch von ihnen verabschieden und diese Energien an uns lichte Wesen senden. Sobald ihr eure Schatten aufgelöst habt, gibt es keine Fläche mehr, an der die Wesen der Unterwelten an euch haften oder in euch hineinströmen können. Euer lichtes Bewusstsein ist euer größter Schutz. Die Schattenebenen und die Unter- oder Zwischenwelten können euch nicht wirklich schaden. Sie arbeiten lediglich mit Illusionen und Impulsen der Manipulation. Es ist immer eure Entscheidung, welchen Impulsen ihr folgt. Wendet euch dem Licht zu und das Licht wird euch führen.

Im *Februar* brechen alte Verkrustungen auf. Es sind die äußeren Schichten, die sich öffnen. In eurem Inneren keimt nun heran, was ihr in euch gesät habt. Mit jedem Gedanken, den ihr denkt, und auch mit jedem Gefühl, das ihr fühlt, sät ihr das in euch, was jetzt zu keimen beginnt. Vieles, was jetzt keimt, ist jedoch gar nicht von euch selbst gesät, sondern ihr habt es von anderen auf- oder abgenommen. Es ist selbstverständlich so, dass jeder sich Themen und Aufgaben mit auf die Seelenreise nimmt und Kinder immer sehr gerne die Themen der Eltern übernehmen, die diese noch nicht gelöst haben. Das gehört auch mit zu ihren Aufgaben in der Ahnenreihe. Ihr macht aber noch viel mehr. Ihr lasst euch Gefühle auferlegen, steigt durch Mitgefühl in Gefühlsfelder anderer hinein und macht sie somit zu euren Gefühlen. Auch wenn ihr es in fried- und liebevoller Absicht macht, bewahrt euch das nicht davor, mit in die Themen der anderen einzusteigen. Ich möchte euch nicht davon abbringen, Mitgefühl füreinander zu haben, sondern euch lediglich aufzeigen, dass ihr auch Mitgefühl haben könnt, ohne euch weitere Päckchen aufzuladen und eure Saat mit Schmerzthemen anderer Menschen zu vermischen. Pflegt jeden Umgang mit anderen Menschen mit eurem ganzen Bewusstsein und höchster Achtsamkeit. Nehmt anderen gerne den Schmerz ab, jedoch behaltet ihn bitte nicht bei euch. Macht es euch zu eigen, bevor ihr des Abends in die Ruhephase geht und in den Schlaf hinübergleitet, all das an uns abzugeben, was ihr während des Tages von anderen aufgesagt habt. Visualisiere bitte, wie ich – Sophia – dich sanft in meine Energien hülle und alles erspüre und kenntlich mache, was nicht zu deinem höchsten Wohle ist. Spürt hinein, wie ich aus euren Systemen Emotionen und Anhaftungen löse und sie sanft hinausziehe und in Transformationsebenen sende.

Im *März* öffnen sich die äußeren Schichten, die Keimlinge eurer Saat sprießen nach außen, dem Licht entgegen. Das Licht hält immer mehr Einzug und in euch entwickelt sich, was in unterschiedlichen Zeiten und Ebenen ausgesät worden ist. Manche Saat wurde euch auch eingesetzt.

Lernt dies zu unterscheiden. Die lichten Ebenen fließen durch die Wege, die eure Keimlinge in die Erde und die Unterschichten graben, hinein. Unzählige Wesen werden besonders zu dieser Zeit erlöst und erkannt. Mutter Erde erwacht aus ihrer Erholungsphase und bringt neue Energien zu Tage. Die Naturwesen werden aktiv und leiten Tiere an, ihre Aktivitäten wieder aufzunehmen. Gemeinsam mit den Tierwelten wirken die Naturwesen am Gerüst der Erde. Die Netze und Symbole, die die Erde in ihrer Verankerung halten, werden jedes Jahr verstärkt, gereinigt, ausgerichtet und in die entsprechende Schwingung gebracht. Diese Schwingung wird ähnlich wie eure Musik erstellt. Es ist keine Musik und doch eine ton-ähnliche Schwingung, die Ebenen öffnen und schließen kann. Diese Ton-ähnliche Ebene ist euch Menschen derzeit nicht zugänglich, doch in jedem von euch schlummert die Erinnerung. Viele von euch erinnern sich an diese wohlige Geborgenheit durch Musik. Auch wenn ihr keinen direkten Zugang habt, diese Energien wirken auf euch. Eure Systeme nehmen wahr, welche Ebenen geschlossen und welche geöffnet werden. Ein Erneuerungsprozess beginnt. Im März strömen die Themen in die Heilung, die einer Erneuerung entgegenstehen. Schaut daher genau hin, was euch begegnet. Alte Glaubenssätze, Annahmen und auch Ebenen vorher, und zwar die Ebene, in der euch Menschen die Welt verstandesgemäß erklärt worden ist, brechen auf und streben nach Erneuerung. Öffnet euch innerlich für die Energien, die aus Mutter Erde – aus dem Inneren eures Seins – in eure Mitte strömen. Die Netze und Gerüste, die die Erde halten, halten auch jeden Einzelnen von euch. Kehrt ein und räumt auf in eurem Innersten und klärt euer Äußerstes, so werdet ihr eingebettet in die Energieebenen, die durch die Naturzyklen angelegt werden.

Der *April* zeigt euch, welche Strukturen und Denkmuster ihr euch erneut erschaffen habt. Sobald der April sich öffnet, ist es, als würdet ihr in einen Tunnel hineinschreiten, in dem das Licht eures Daseins sichtbar wird. Als würdet ihr euch absichtlich in einen dunklen Raum begeben, um das Licht sehen zu können. Jetzt beginnt der Aktivzyklus für die unteren Erdwesen. Kriechgetier, Insekten und Würmer begeben sich in sichtbare Ebenen. Diese Wesenheiten haben nicht als einzelnes Individuum ihre Aufgaben oder ihr Karma zu erledigen. Sie unterstehen alle einer übergeordneten Macht mit Massenbewusstsein. Die übergeordneten Mächte dieser Wesen lenken die Existenz der untergeordneten Einzelnen. Eine große Aufgabe ist die Verbindung zwischen den Welten. Sie arbeiten unentwegt an Übergängen, wenn es auch nicht alles lichtvolle Übergänge sind. Fliegen zum Beispiel verknüpfen das Jenseits in die Unterwelt und Oberwelt, wobei die Oberwelt die Ebene ist, in der ihr Menschen euch aufhaltet. Das öffnet Zugänge und ab April wird es immer leichter für euch Menschen, euch zwischen den Ebenen hin- und herzubewegen.

Einige übergeordnete Wesenheiten sind der Venus zuzuordnen. Bienen, Libellen und Wespen verbinden die Venusenergie in die irdische Energie und bringen lichtvolle Aspekte mit in eure Ebene. Der April ist also der Zyklus der Übergänge und birgt ein hohes Potenzial. Es lässt sich erahnen, was sich in den nächsten Zyklen verwirklichen kann.

Der *Mai* bringt jede Saat in ihre Blüte. Die Triebe haben eine eigene Kraft und erhalten individuellen Anschub. Manche Saat wird Licht und Heil bringen und manche Saat bringt das Verderben. Alle Facetten und Varianten kommen in die Blüte. Im Mai geht es nicht darum, mit dem Verstand die Saat zu bearbeiten oder sogar zu manipulieren. Im Mai geht es darum, einfach die Blüte mitsamt der Saat und Wurzel aus den Systemen herauszunehmen. Und das geschieht genau so, wie ihr es euch vorstellt. Visualisiert in der Meditation euren inneren Garten mit allen Sorten und Arten der Saat. Die Wünsche, Hoffnungen, Vertrauen, Liebe, Heilung sind alles Sorten, die von Licht und hellen Farben erfüllt sind. Jedoch findet ihr in eurem Garten auch das Saatgut eurer Zweifel, Ängste, Misstrauen.

Die lichtvollen Verbindungen in unsere Ebene sprießen, wachsen und verstärken sich natürlich auch. Das Licht führt zum Licht, und aus den lichten Ebenen strömen unterstützende Energien für jedes Licht, das in euch und in jedem Wesen wachsen möchte. Und auch reicht das Licht den dunklen Energien die Hand, um sie herauszuheben und die Schwingungen jeder Ebene zu erhöhen. Jede Saat wird wachsen.

Im *Juni* dann hat das Licht die Oberhand und kann durch die bereits gewachsene Pflanze – und hierbei sind nicht nur die Pflanzen der Natur gemeint – durch deren Ursprung in die Unterwelt fließen und tief auf die dunklen Ebenen einwirken. Hier kann zusammengefügt werden, was zusammengehört, und hierdurch kann erlöst werden, was in der Dunkelheit gefangen scheint. Das Licht und die heilenden Energien sind so stark, dass alles um es herum zu verbrennen scheint. Im Juni geht es um die Neuausrichtungen. Fokussiert euch auf eure Wünsche und Träume und gebt euch diesen völlig hin. Legt alle Zweifel beiseite – übergebt sie uns. Jetzt wird herangezogen, was in euch gebrütet hat. Es geht jetzt nicht um die Auflösung von Blockaden oder alten Erfahrungen und Prägungen. Jetzt geht es einzig und allein darum, dass das Licht, also unsere Ebenen, das bei euch abholen, was ihr uns übergebt. Es ist nur ein Bruchteil von dem, was ihr an uns übergebt, von euch bewusst steuerbar. Der größte Anteil sind eure Gefühle, und daher bitte ich euch aufs Innigste, richtet euch immer auf das Licht, die Liebe, Frieden und Harmonie aus. Gebt nicht den Zweiflern in euch das Zepter. Fühlt euch versorgt und angebunden, denn nur so können wir euch versorgen und anbinden. Visualisiert eine goldene Nabelschnur, über die ihr verbunden seid. Ihr könnt nicht abhanden kommen, da die Nabelschnur euch mit uns verbunden hält. Ihr könnt auch nicht unterversorgt sein, denn durch diese Nabelschnur senden wir euch all das, was ihr braucht, um euren Lebensweg in Liebe, Harmonie und Frieden zu gehen. Diese Nabelschnur ist real. Seid euch dessen bewusst.

Im *Juli* hat jede Pflanze, alles, was aus eurer Saat gewachsen ist, seinen Höhepunkt überschritten. Alles, was wir aus eurer Saat nehmen konnten, geht jetzt hinüber in eine andere Ebene. In dieser Ebene könnt ihr nichts mehr verändern, denn die Ursprungsenergien sind nicht mehr mit euch in Verbindung. Eure Saat hat Früchte getragen und diese wurden bereits geerntet. Die Pflanzen eurer Saat verlieren an Kraft. Es beginnt jetzt eine Phase der Erholung und Entspannung. Hört auf, euch jetzt mit euren Problemen zu beschäftigen. Verlasst diese Ebenen jetzt, ihr würdet nur Kraft verlieren, die sich naturgemäß zunehmend verringert. Lehnt euch zurück und entspannt. Achtet darauf, dass ihre euer Bewusstsein in einer positiven Ausrichtung haltet und gedanklich nicht in eure Tiefen geht. Das ist jetzt nicht der Zeitpunkt. Viele Wesen aus der Unterwelt sind jetzt in eurer menschlichen Ebene, und sie sind auf der Suche. Sie spüren auf, wer sich in den eigenen Abgründen aufhält, und können hier anknüpfen und Bande knüpfen, die von euch dann wieder aufgelöst werden müssen, damit ihr euch gemäß eurem Seelenplan weiterentwickeln könnt.

Der *August* birgt ein großes Heilungspotenzial, denn es kommt zu euch zurück, was ihr gesät habt. Lichtvolle Saat vermag die schweren Gefühle zu vertreiben und schickt somit Wesen der Unterwelt wieder in ihre Ebenen zurück. Manche Wesen werden auch aufgenommen in die lichten Ebenen. Nicht alle Wesen werden sichtbar, und ich möchte euch auch nicht verunsichern oder beängstigen, sondern genau das Gegenteil bewirken. Ich möchte euch stärken für euer lichtvolles Dasein und dazu braucht es nicht mehr, als sich immer wieder am Licht, Harmonie, Liebe und Frieden auszurichten. Bei allen Themen, die euch begegnen. Bleibt in der Zuversicht und in dem Bewusstsein, dass wir aus den hohen, lichten Ebenen euch immer begleiten und führen, wenn ihr euch dafür öffnet.

Auch im August braucht ihr euch nicht mit dem Verstand auf das ausrichten, was ihr auflösen oder heilen wollt. Ihr nehmt im August alle Energien eurer Saat auf. Wenn ihr euch dabei immer wieder am Licht und die

Leichtigkeit ausrichtet, dann werdet ihr diese aufnehmen und mitnehmen in eure Herbst- und Winterzeit, die einiges in euch bewirken wird. Der August ist ein wundervoller Zyklus, in dem ich euch bitte, das Licht in euch aufzunehmen und euch in die Energie der Freude und Dankbarkeit einzuschwingen. Die Naturwesen arbeiten im August auf Hochtouren. Sie legen Kanäle und schaffen Verbindungen. Sie beginnen mit der lichtvollen Ernte der Heilenergien aus den Heilpflanzen. Alle Heilpflanzen sondern jetzt ihre Energien an das Universum ab, und diese Energien stehen jedem zur Verfügung. Viele Pflanzen geben ihre Heilenergie über den Geruch in die Atmosphäre. Manche Pflanze gibt einen Heilextrakt in flüssiger Form ab. Auch eure menschlichen Verletzungen heilen jetzt besser, denn das ist die Ebene und Energie, in der ihr euch jetzt befindet. Haltet euch in eurem Bewusstsein nicht in euren Verletzungsfeldern auf, sondern übergebt diese Felder an die heilenden Energien. Zieht eure Energie und eure Aufmerksamkeit aus euren Schmerzen ab und übergebt eure Schmerzen an uns. Eure Engel nehmen euch so gerne eure Schmerzen ab und wirken auf euch ein, damit ihr den Frieden in euch wiederfindet. Die Wesen aus den Unterwelten findet ihr im August kaum in euren Welten. Sie ziehen sich zurück, wenn das Licht kommt.

Im *September* ziehen sich auch die Naturwesen langsam zurück und bereiten sich auf eine Ruhephase vor. Sie ernten die letzten Früchte und Energien und leiten die Blumen und Pflanzen an, sich ebenfalls in ihre Mitte zurückzuziehen. Auch die Tiere werden von ihnen geleitet. Versorgungswege werden für die Wintermonate aufgebaut und sichergestellt. Manch hellsichtiger Mensch kann diese

Prozesse wahrnehmen. Es beginnt die Zeit der Stürme. Die Winde dienen der kraftvollen Reinigung der Sphären, insbesondere der Lufträume. Die Ernte beginnt. Eure Saat hat Früchte getragen, und in den letzten Zyklen konnten die Früchte heranreifen. Die faulen Früchte fallen ab und die Wesen der Unterwelt bedienen sich dieser Früchte und Energien, die sich nicht zur lichtvollen Frucht entwickelt haben. Mutter Erde beginnt mit einem tiefgreifenden Transformationsprozess. Ihr könnt diese Transformation und Entwicklung unterstützen durch eure Visualisierung. Lasst vor eurem inneren Auge bitte das Bild entstehen, wie die licht- und kraftvollen Energien aus Mutter Erde herausströmen und in eure Ebene – die Oberwelt – strahlen. Lasst das Bild entstehen, wie die Transformationsenergien, die sich in gelbem, rotem, orangenem und goldnem Licht zeigen, die Schatten eures Daseins vereinnahmen und verwandeln. Die Transformationsenergien flackern wie eine Flamme aus der Erde heraus. Ihre Kraft ist sehr intensiv und geht bis in tiefliegende Bereiche hinein.

Im September treten auch eure Drachen nach außen. Die Drachen, die ihr eigens für euch gebeten habt, eure Schätze zu hüten. Eure Drachen haben eure Schätze vor den Wesen der Unterwelt beschützt und behütet und ihr findet sie in den Tiefen der Erde. Tiefe Höhlen, die ihr einst gegraben habt.

Nehmt Kontakt zu euren Drachen auf und bittet sie, die Schätze freizugeben, die ihr jetzt wieder annehmen könnt. Manche Schätze sind Fähigkeiten und Qualitäten. Manche Schätze sind auch tiefe Verletzungen.

Der *Oktober* gibt frei, welche Bereiche ihr euch jetzt über die Winterzeit – die Zeit der Einkehr – anschauen könnt, worauf ihr euch fokussieren könnt und was jetzt an der Zeit ist, aufgelöst und geheilt zu werden. Oktober ist eine Zeit des Feuers, womit unter anderem die Transformationsenergien von Mutter Erde gemeint sind. Im Oktober bereiten sich die Ebenen vor, sich wieder zu vereinigen. Das geschieht in euch und auch um euch herum. Eure Gefühlsebenen vereinigen sich wieder mit der Verstandesebene und es wird eine Herausforderung, nicht alle Gefühle mit dem Verstand zu erfassen und zu analysieren. Bedenkt bitte auch, dass ihr euch manchmal auch einfach in den Emotionalfeldern anderer Menschen oder Wesen aufhaltet. Leider ist euch diese Tatsache oft nicht bewusst und ihr nehmt dann ein fremdes Gefühl als euer eigenes an und macht es somit auch zu eurem eigenen. Schenkt diesem Umstand bitte mehr Aufmerksamkeit und visualisiert, wie ihr jeden Tag aus den Feldern anderer heraufsteigt und wie diese Felder von den Engeln aufgelöst werden.

Der Oktober ist wie eine Brücke der Balance und Ausgeglichenheit und führt in den Zyklus, in dem sich alle Tore zwischen den Welten öffnen. Die Unterwelt öffnet sich und ihre Wesen kommen wieder in eure Ebenen, sprechen eure Süchte und Sehnsüchte an. Sie hängen sich an Süchte und Sehnsüchte und plustern sie auf. Sie lassen sie ganz groß und übermächtig erscheinen, so als könntet ihr nicht alleine an ihnen vorbei, und immer wieder werden euch die entsprechenden Impulse in euer Bewusstsein geschickt. Vergesst bitte nicht, dass sich diese Wesen von euren Energien ernähren und sie daher alles unternehmen werden, was euch dazu führt, euren Süchten und Sehnsüchten nachzugeben. Selbstverständlich könnt ihr euch auch vor ihnen schützen. Der beste Schutz ist, keiner dieser Illusionen nachzugehen, sondern in der Realität zu bleiben und euch von den niedrigen Impulsen und Schwächen des Ego nicht irreleiten zu lassen. Alles, was euch Illusion vorgaukelt und euch wichtig und groß fühlen lässt, entspringt auf eine gewisse Weise eurem Ego. Das ist das Gesetz der Dualität und Polarität. Ihr seid weder wichtig noch unwichtig. Ihr seid. Einfach sein, das ist das höchste Ziel. Wenn ihr aufhört, euch von euren Wünschen, die allesamt einem Mangelgefühl entspringen, leiten zu lassen, kann das Leben seinen Weg nehmen, den die Seele sich ausgewählt hat.

Löst euch von den Illusionen und verlasst die Felder des Mangelbewusstseins. Gerade der Oktober birgt die Gefahr, dass ihr eure Mangelbewusstseinsfelder verstärkt, da die Schattenwesen genau auf diese Schwächen ausgerichtet sind und euch hierdurch beeinflussen und die Mangelgefühle somit verstärken. Findet ins Vertrauen, denn ihr habt alles, was ihr zum derzeitigen Moment braucht. Es fehlt euch an nichts!

Die Engel-Ebene ist immer und übergangslos erreichbar. Die meisten Engel werden jedoch im Oktober und Dezember gesehen. Hier sind die Tore zur feinstofflichen Ebene offen und viele Menschen finden die Wege in das Reich der Engel. Wenn ihr Menschen die Engel einladet, dann drosseln sie ihre Energien, damit sie euch begegnen können, denn ihre hohen und immensen Energien würden eure Energiefelder irritieren.

Ihr begegnet den Engeln immer so, wie ihr sie auf einer bewussten oder unbewussten Ebene erwartet.

Ende Oktober, wenn die Tore geöffnet werden, sind natürlich auch die Schattenwelten, Zwischenwelten und das Jenseits ohne weitere Barriere zu erreichen. Die Ebenen sind offen und es kann von allen Ebenen in andere Ebenen gereist werden. Die Engel haben daher eine erhöhte Präsenz auf der Erde. Wer sich mit seiner Medialität beschäftigt und das Channeln aktivieren möchte, kann dies sehr gut in den Monaten Oktober bis Dezember beginnen, denn die feinstofflichen Ebenen sind offen und die Verbindung kann ganz leicht aufgenommen werden.

Jetzt, da sich die Naturwesen aus eurer Ebene zurückziehen, so wie es auch die Natur macht, könnt ihr Naturwesen auch in euer Heim einladen. Bietet Ihnen einen warmen Platz gerne bei den Zimmerpflanzen. Sie werden es euch mit viel Freude und Leichtigkeit danken. Denn Naturwesen vermögen schwere Energien aufzuspüren, und wenn ihr es ihnen erlaubt, arbeiten sie fleißig daran, diese Energien von eurem Hause fernzuhalten. Sie benötigen lebendiges Wasser zum Leben und ernähren sich aus der Nahrung, die ihr zu euch nehmt. Sie erkennen Gifte in eurer Nahrung und kompensieren sie. Sie haben zu jeder Jahreszeit Zugriff auf das Heilpflanzenuniversum und werden euch helfen, wenn ihr krank werden solltet. Sie unterstützen natürlich auch all eure Heilprozesse und lachen sehr viel mit euch. Wenn ihr musiziert, dann tun sie es auch. Und wenn ihr in eure Ruhe findet, zeigen sie sich euch gerne.

Im *November*, also ab Oktober ziehen sich alle Wesen in sich zurück, um zu reifen, zu reflektieren, zu heilen und zu revitalisieren. Ruft auch ihr eure Energien und Anteile zu euch und nehmt sie mit in eure Mitte über die ruhigen Monate. Die Seele reinigt sich und richtet sich aus auf die neuen Themen, die jetzt anstehen werden. Sie lässt die Erfahrungen des letzten Jahreskreislaufes jetzt in ihre Systeme und in den menschlichen Körper fließen. Prägungen legen sich jetzt im Bewusstsein nieder.

Findet den Weg in eure Ruhe und Mitte. Lasst eure Gedanken still werden, indem ihr euch auf euren Atem ausrichtet. Zieht die Verstandesebenen aus eurem Bewusstsein, wenn ihr in die Stille geht, so könnt ihr eurer Seele lauschen und wahrnehmen, was sie wirklich braucht und sich wünscht.

Im November zeigen sich viele Verstorbene aus den Zwischenebenen. Manche wollen euch locken, andere bedienen sich an euren Energien. Andere wollen auch einfach nur noch am Leben der Menschen teilhaben.

Viele Menschen spüren eine Einsamkeit und Traurigkeit, denn sie spüren die lichte Führung nicht mehr, können das Licht und die Wärme der Sonne nicht mehr sehen und spüren. Sie hüllen sich somit selbst in einen grauen Nebel ein. Der November ist von grauen Nebeln geprägt. Die Atmosphäre wird schwer. Dadurch fällt es den Wesen der Unterwelt leicht, in eure Ebenen einzutauchen und euch durch weitere Illusionen in ihre Schwingung zu ziehen. Illusionen, die euch nur spüren lassen, was ihr glaubt, nicht zu haben. Illusionen, die euch Einsamkeit spüren lassen und dieses sehr große Feld um euch kreieren, das eine Schwere in euch auslöst. Doch im Grunde ist dies nur die Zeit der Einkehr und der Ruhe, und wenn ihr euch darauf besinnt und uns um Hilfe bittet, dann stärken wir euer Bewusstsein und eure Schutzebenen, sodass ihr wie eine Pflanze, euch in eure Mitte zurückziehen könnt, um euch auszuruhen. Viele lichtvolle Wesen sind um euch und werden die Schwere um euch herum durchdringen. Es wird ihnen ein Leichtes sein, wenn ihr sie nur darum bittet.

Auch ich – Sophia – bin verstärkt auf eurer Erde. Wie ein warmer, goldener Liquid lege ich meine Energien auf eure Erdschicht. Ich erweiche und erwärme eure Herzen und nehme eure Wurzeln in meine Hand, um sie zu stärken, zu schützen und an den rechten Ort zu bringen. Ihr werdet meine Gegenwart in den kommenden Jahren immer mehr wahrnehmen können, denn nie zuvor war ich so präsent.

Der *Dezember* öffnet die Sphären zu einem großen Fest. Die Göttlichen Energien strömen auf die Erde. Die Unterwelt verschließt sich für die, die sich nicht erlösen lassen möchten. Die Wesen der Unterwelt werden in ihre Bereiche geführt und bleiben dort.

Die Naturwesen, die sich zurückgezogen haben und auch die in euren Häusern erhalten Instruktionen und Unterweisungen. Auch sie werden vorbereitet auf die neuen Ebenen, die sich im nächsten Jahreskreislauf öffnen. Ihre Arbeiten und ihre Schwingungen werden sich verändern. Alles erhält einen goldenen Glanz.

Viele Verstorbene aus den Zwischenwelten finden den Weg ins Licht und werden erlöst, um nach Hause zu kommen. Es wird friedlich. Für die Göttlichen Energien weiche auch ich zurück und lasse mich von dem durchströmen, was aus der höchsten Ebene für mich fließt. Und das bitte ich euch auch zu tun. Das Licht in euch wird neu angezündet. Das Licht in euch wird euch wärmen und in eurer Dunkelheit führen.

Engel sagen das Einströmen der Göttlichen Energien an und bereiten die Ebenen vor. Viele Engel aus unterschiedlichen Schichten zeigen sich in körperlicher Form, um euch an sie zu erinnern. Die Engel schütten ihre Füllhörner aus und lassen die Qualitäten zu euch fließen, wie es für jeden von euch ganz individuell stimmig ist. Vielen werden auch die Augen geöffnet. Ob bewusst oder unbewusst, doch jeder Mensch kann diese Schwingungsveränderung auf der Erde wahrnehmen. Manche Menschen werden traurig, weil sie sich in der Trennung spüren, was jedoch auch nur eine Illusion ist. Viele Menschen sehnen sich nach Hause und können einen Funken Göttliche Heimat in sich spüren, wenn sie darum bitten.

Die Ebenen sind offen und vom Licht durchströmt. Im Dezember gibt es klare Informationen und Botschaften. Wer sich seiner Medialität öffnet und im Kontakt mit der Geistigen Welt steht, wird im Dezember in höhere Schwingungen gehoben werden können. Das Einzige, was ihr braucht, ist Stille und Vertrauen. Vertrauen darauf, dass genau das geschieht, was eure Seele jetzt vorgesehen hat.

Die Seele im Körper

Bevor sich eine Seele auf den Weg macht, wird festgelegt, welche Erfahrungen und Aufgaben anstehen. Was sie an Qualitäten für das Leben braucht, wird ihr mitgegeben. Es ist ein großer Schritt von der Feinstofflichen Ebene in die Materie hinein und bedarf viel Mut. Denn beim Eintritt in die Materie schreitet man durch die Schleier des Vergessens und in eine scheinbare Trennung hinein. Die Seele spürt dies jedoch erst nach dem Eintritt in die Materie. Manche Seele kehrt kurz vor der Ankunft doch noch um. Manchmal geschieht es dann, dass eine andere Seele mit einem ähnlichen Seelenplan in den Körper fahren darf.

Vor der Inkarnation sind die Seelen in einer Zwischenwelt und werden in unterschiedlicher Weise auf das Erdenleben vorbereitet. Doch keine Seele kann gelehrt werden, wie sich Materie anfühlt – wie es ist, in einem Körper zu wohnen und die körperlichen Begrenzungen zu spüren. Sie haben die Erfahrung schon unzählige Mal gemacht, doch es gehört dazu, dass man bei jedem Übergang von der Feinstofflichen Ebene in die Materie und auch von der Materie in die Feinstoffliche Ebene wie durch einen Schleier des Vergessens geht. Die Seele ist der Teil in euch, der euch leben lässt.

Eure Seele steht in ständiger Verbindung mit der Feinstofflichen Ebene. Eure Seele wird energetisch vom Licht genährt. Sie sendet Impulse an den menschlichen Körper und auch an den Verstand. Sie sendet jedoch auch Impulse in die Feinstofflichen Ebenen – in die Engelwelt oder zu mir –, wenn sie Unterstützung und Zuspruch oder auch Liebe erbittet. Sie wird energetisch von uns versorgt. Denn was die Seele braucht, kann ein Körper nicht bieten.

Wenn der Mensch heranwächst und Erfahrungen sammelt, geschieht es leider oft, dass die Seele eingeengt wird, dass ihr Lebensraum im menschlichen Körper immer kleiner wird. Durch jede schmerzhafte Erfahrung, die nicht zur Erlösung und Heilung geführt hat, verliert die Seele an Raum und Kraft. Jedoch ist das, was scheinbar verloren wird, niemals gänzlich verloren. Die Seele wird in ihrer Form verändert, muss sich zurücknehmen, sich verkleinern oder wird verdrängt, aber einen wirklichen Schaden kann die reine Seelenenergie niemals erfahren, denn sie ist zu jeder Zeit mit uns verbunden.

Es gibt Seelen, die aus energetischen Gemeinschaften – wie Familien – stammen. Diese Seelen finden sich im Erdenleben und führen einander an die Lernerfahrungen, wie sie vereinbart waren. Oft sind bereits im Lebensplan solche Begegnungen festgelegt. Seelen sprechen sich auch manchmal ab, dass sie zum Beispiel mehrfach gemeinsam inkarnieren wollen. Seelen sind auch oft durch ihr Karma aneinander gebunden und werden zu ihren karmischen Aufgaben geführt. Die wahren Aufgaben im Leben können nicht verpasst werden. Ihr Menschen werdet immer wieder in die Situationen geführt, die eure Seele zur Entwicklung braucht. Hadert nicht mit euch, wenn ihr glaubt, in irgendwelchen Situationen festzustecken. Besinnt euch viel mehr auf das Licht in eurem Bauch. Sendet eure Liebe an die Seele, wie ihr eure Liebe zu einem zarten Neugeborenen senden würdet. Und bitte geht immer wieder in die Selbstvergebung. Bringt Frieden in eure Ebenen und entzieht somit der Schattenwelt die Resonanzebene. Liebt euch so, wie ihr seid. Ihr seid von Gott gewollt und geschaffen und wie könntet ihr da nicht liebenswert sein!

Ich bitte euch, nehmt euren Verstand mehr und mehr zurück und lasst euch nicht einwickeln in Unwichtiges. Die Seele führt euch in Situationen, damit ihr euch ihnen stellt und nicht, damit ihr euch ablenkt, und versucht zu verstehen oder Schuldige zu finden, die es nicht gibt. Schuldige in eurem Sinne seid nur ihr selbst, denn ihr habt euch all eure Erfahrungen kreiert. Teilweise durch Karma, den Seelenplan und auch sehr oft durch Unachtsamkeit in euren Gedanken, Gefühlen und auch Worten.

Mit jedem ausgesprochenen Wort gebt ihr eine Energie nach außen – eine Energie, die ihr selbst braucht, die von eurer Lebensenergie abgeht und die ihr euch an anderer Stelle zurückholen müsst. Ein ausgesprochenes Wort, das nicht der Wahrheit entspricht, dreht euch die Lebensenergie ab. Ein verurteilendes oder herablassendes Wort verletzt die Energie der Seele der Person, über die ihr euch gestellt habt, und kreiert an anderer Stelle weitere Aufgaben.

Wenn meine Worte auch streng sind, so weiß ich doch darum, wie es ist, in der Materie als Mensch zu leben, und ich sende euch all meine Liebe, meine Großzügigkeit und mein Vergeben, denn meiner Unterstützung auf allen Ebenen könnt ihr euch jederzeit gewiss sein. ich möchte euch lediglich auf euer Dasein aufmerksam machen. Viele von euch gehen blind und taub durchs Leben. Suchen die Erfüllung in ungesunden Nahrungsmitteln und TV-Shows, ohne die lichte Essenz in sich zu finden. Umgebt euch mit Hochschwingendem, und das wird die Resonanz bilden, dass sich das Hochschwingende in euch verstärken und ausbreiten kann.

Die Seele legt den Plan fest, was sie in einem Leben an bestimmten Zeitpunkten erfahren, lernen und wie sie sich entwickeln möchte. Es gibt Seelen, die zum Beispiel vielleicht erst im letzten Lebensdrittel die spirituellen Aufgaben vorgesehen haben, dann ist es fast egal, wie das Leben davor abläuft. Jeder Seelenplan bietet auch Spielraum. Doch kein Seelenplan sieht vor, dass die Verstandesebene das Ruder übernimmt und die Richtung vorgibt. Ein solches Verhalten führt nur zu Verzögerungen und im schlimmsten Fall dazu, dass die Seele erneut inkarnieren muss, um ihren Plan zu erfüllen.

Der Sinn des Lebens liegt keineswegs darin, die Erde mit ihren Lebensräumen zu zerstören und anderen Menschen Leid zuzufügen. Eure schmerzlichen Erfahrungen dienen einem Lernprozess, denn derzeit ist der einzige Weg, bestimmte Erfahrungen zu machen, der Weg über den Schmerz.

Doch kein komplettes Leben ist nur Schmerz. Manchmal geschieht es jedoch, dass sich eine Seele, die den Schmerz schon in jungen Lebensjahren erfährt, in dieses Programm hineinbegibt und davon ausgeht, dass dies die Form des Lebens sei. An diejenigen appelliere ich und sende erlösende Energien, denn es ist keinesfalls so vorgesehen, dass sich eine Seele ausschließlich in Traurigkeit und Einsamkeit und in Schmerzfeldern aufhält. Es braucht nur eine winzig kleine Erkenntnis und die Bereitschaft, sich für Freude, Licht und Liebe zu öffnen. Das klingt sehr leicht, kann jedoch unter Umständen ein großer Schritt sein, vor dem sich manche fürchten. Sie halten sich an dem fest, was sie kennen, aus Angst vor dem Unbekannten.

Doch bei einigen Menschen liegt die Herausforderung ganz woanders. Ein Geltungsbedürfnis, das starke Bedürfnis, etwas darzustellen, ist der Gegenpol von Vertrauen. Wenn ein Mensch wirklich im Vertrauen ist, hat er niemals das Bedürfnis, besonders toll, hübsch, intelligent oder was auch immer zu sein. Wenn ein Mensch im Vertrauen ist und auf dem Seelenweg, braucht er keine Bestätigung von außen, denn dann weiß dieser Mensch um die Liebe, Anerkennung und die Verbundenheit, die in ihm selbst wohnen. Hat ein Mensch einmal diesen Schatz in sich entdeckt, so kann er auch zukünftig darauf aufbauen. Eine Seele, die auf der Suche nach Anerkennung, Liebe oder Bestätigung ist, lädt körperliche Krankheiten ein, und diese Seele wird nicht gehört und gesehen, sondern verkümmert. Oft sehe ich, wie dann die Verstandesebene sich einschaltet und nach Erklärungen sucht, die dieses Mangelgefühl, das einem Hunger- oder Durstgefühl gleicht, befriedigen, also in Frieden bringen möchte. Jedoch öffnet der Verstand nicht die Tore und Wege zur Seele, sondern öffnet die Tore und Wege nach außen. So können sich dann der Resonanz entsprechend die Wesenheiten und Energien um diesen Menschen tummeln, die ihn noch mehr schwächen und noch weiter entfernen von seinem Seelenlicht und Seelenplan.

Dieses Thema ist stark verbreitet in eurer Welt. Eure Medien wie Fernsehen, Internet, Werbung und auch eure Musik zielen darauf. Exakt die Wünsche einer Seele werden zum Beispiel von der Werbung aufgegriffen, euch zu manipulieren und vorzugaukeln, die ganze Welt sei in Ordnung und ihr würdet euch gut fühlen, wenn ihr ein Produkt kaufen würdet, eine bestimmte Figur hättet oder ein bestimmtes Auto fahren würdet.

Oder eure Musik, die Ebene, die direkt in euer Unterbewusstsein fließen darf. Ängste, Verluste, verlorene Lieben und Sorgen prägen euer Unterbewusstsein. Ich bitte euch auf allen Ebenen um mehr Achtsamkeit in eurem Alltag. Ihr singt und prägt euer Dasein mit Texten und schmerzenden Erfahrungen und entfernt euch immer mehr von eurem wahren lichtvollen Selbst.

Haltet euch in den Energien auf, die eurem Seelenlicht entsprechen, und erlaubt nicht den manipulativen Übergriffen, direkt in eure Seinsebenen einzudringen, wie es durch Fernsehen, Werbung und andere Medien geschieht.

Gleiches gilt auch für Gespräche. Meidet die Gespräche, in denen ihr nur Kraft verliert, und widmet euch dem Austausch, der nicht übergriffig, sondern liebevoll und friedvoll ist.

Manche Menschen beherrschen es ausgezeichnet, andere Menschen im Gespräch mit in die eigenen Angstfelder hineinzuziehen oder gar ihre Schattenwesen im Gespräch an andere zu übertragen. Denn Schattenwesen vermehren sich rasch, wenn sie den Nährboden wie zum Beispiel in einem Gespräch haben. Manche Menschen schalten auch Fähigkeiten bei anderen aus. Das ist möglich, wenn ihr euch im Gespräch auf die Seinsebenen des anderen einlasst oder euch auch Angstfelder überstülpen lasst. Solch ein manipulatives Wirken ist leicht zu erkennen, wenn ihr achtsam und mit Bedacht eure Gespräche führt. Menschen, die regelmäßig andere Menschen um sich herum manipulieren, ausschalten oder mit eigenen Ängsten belegen, sind meist umgeben von Wesenheiten, die diese Manipulationen immer wieder anstoßen und aktivieren. Oft ist es dem Menschen selbst nicht bewusst, denn auch er selbst ist ein Opfer der Wesenheiten, die er selbst um sich gesammelt hat. Solche Wesen sammelt man um sich, wenn man sich immer wieder selbstsüchtig und egoistisch verhält und nur auf den eigenen Vorteil bedacht ist. Das hat langfristig selbstverständlich auch körperliche Auswirkungen. Gerade Galle, Nieren, Leber werden immer wieder angegriffen und von den Suchtwesen angezapft. Auch wenn man hiervon betroffen ist, helfen die Achtsamkeit und die Grundsätze des Lebens. Jeder Mensch spürt in seinem Innersten, was richtig ist zum höchsten Wohle aller, und braucht sich einfach nur immer wieder darauf besinnen. Auch wenn er verzagt und verbittert ist, weil man sich ihm gegenüber vielleicht niemals gemäß den Grundsätzen des Lebens verhalten hat, ist der einzige Ausweg aus dieser Abwärtsspirale ein Umdenken in fried- und liebevolles Verhalten. Auch hier bin ich sehr gerne behilflich.

Bittet mich – Sophia – um die Impulse, die ihr braucht, um ein friedvolles und erfülltes Leben zu führen.

Gebt euer Innerstes nur an die Menschen weiter, von denen ihr ganz genau wisst, dass sie energetisch achtsam damit umgehen. Schon ein Gedanke oder eine abfällige Bemerkung vermag Schattenfelder zu öffnen und die Reinheit eurer Energien zu verfälschen. Es ist auch nicht der Wunsch der Seele, dass Erfahrungen von ihr genommen werden und an andere übergeben werden, sondern die Seele möchte ganz bleiben und sich entfalten dürfen in ihrer Größe und Reinheit, ohne davor zurückschrecken zu müssen, dass sich dunkle Wesen, Angstgefühle oder ähnliches in ihre Essenz legen. Lernt wieder, euch licht- und liebevoll auszutauschen. Bietet eurer Seele ein Haus, in dem sie leben und wachsen kann. Denn die Seele ist das, was eurem Körper das Leben einhaucht. Wenn ihr der Seele nicht lauscht, ihre Botschaften nicht wahrnehmt, wird sie euch über euren Körper zeigen, woran sie leidet.

Doch hört auf, die Seele mit eurem Verstand prägen zu wollen und sie immer tiefer zu verstricken in Gedankenströme. Es ist ein Chaos, das derzeit auf der Erde herrscht, weil ihr euch untereinander immer wieder mit eurem Verstand bestärkt. Zieht euch zurück in die Stille, um die Seele zu hören, und steigt aus aus diesen unendlichen Gesprächen, in denen ihr eurem Ego das Zepter in die Hand gebt und euch gegenseitig mit Erklärungen und Erläuterungen beschwert und verstrickt.

Ich sage nicht, dass ihr nicht reden sollt und dass ihr nicht versuchen sollt, zu verstehen, was geschieht oder worin ihr euch emotional aufhaltet. Aber beendet jedes Gespräch mit dem guten Gefühl, dass, was es auch immer sein mag, alles in der Göttlichen Ordnung ist. Das sollte das Resultat eines jeden Gesprächs sein. Ein freundschaftlicher Hinweis eines Menschen darauf, dass man sich vielleicht in Schmerzfeldern, Angstprägungen oder ähnlichen Mustern aufhält, ist ein wahrer Freundschaftsdienst und dient der Entwicklung der Seele. Jedoch ist der Seele nicht gedient, wenn Schattenfelder verstärkt werden oder womöglich Schuldige für einen bestimmten Zustand genannt werden. Solche Gespräche führen zu nichts und zehren nur an euren Energien. Schaut euch energetisch genau an, wem ihr welche Themen anvertrauen wollt, und begebt euch auch nicht in emotionale Abhängigkeiten.

Die Seele hat ihren Plan, möchte wachsen und sich komplettieren. Sie möchte sich entwickeln und ist eigens dafür die Erdenreise angetreten. Nachdem sie sich einmal im Körper eines Menschen niedergelassen hat, ist sie für dieses Leben an ihn gebunden. Der Körper ist das Zuhause der Seele und der Spiegel der Seele zugleich. Auch drückt die Seele sich über den Körper aus, wenn sie etwas mitzuteilen hat. Nehmt Kontakt mit eurer Seele auf und fragt sie, was sie braucht. Welche Nahrung und auch welche Qualitäten. Ihr werdet überrascht sein, wie einfach und klar die Wünsche eurer Seele sind.

Die Seele wird den Körper überdauern, denn sie ist unsterblich. Sie ist sehr weise und möchte euch mit eurem Ego und eurem Verstand gerne von dieser Weisheit profitieren lassen. Findet den Weg zurück zu eurer Seele, denn sie ist das einzig Wahre in euch!

Ich spüre bei manchen Menschen auch eine Angst, ihr Dasein in die Hände und Führung einer Macht zu übergeben, die nicht zu kontrollieren, manipulieren und zu durchschauen ist. Das sind Resultate aus eurer Egostruktur. Bitte verwechselt nicht das Ego, das euch Pseudobefriedigungen bringt, mit dem Ego, das euch auf euch achten lässt. Das sind unterschiedliche Ebenen, und es geht In Wahrheit niemals im Leben darum, jemanden zu verletzen oder nicht zu helfen, um am Ende vermeintlich besser dazustehen, und sich niemals etwas gefallen zu lassen. Das ist ein großer Irrtum, entstanden aus euren schmerzhaften Prägungen und Erfahrungen, und genau aus diesen Gedankenstrukturen gilt es, sich herauszulösen. Ihr habt immer die Wahl. Jeden Augenblick eures Lebens habt ihr die Wahl, in welchen Energien ihr euch aufhaltet und in welcher Energie ihr welche Ziele verfolgt und welchen Weg ihr geht. Eure Seele wird durch die Verhaltensweise, die ihr liebt, die euch nicht in Frieden und Harmonie führen, sondern euch hart und egoistisch sein lassen, immer weiter eingeengt und schreit förmlich danach, ausbrechen zu wollen. Viele haben es bereits erkannt, gehen den Weg aber nur halbherzig. Ich bitte euch hier um mehr Achtsamkeit. Der Frieden und die Liebe der Welt beginnen bei dem Frieden und der Liebe eines jeden Einzelnen. Das Bestreben der Seele ist niemals, andere zu verletzen oder sie in ihren Energien zu beschneiden. Eure Seele will Liebe, Einheit und Verbundenheit. Sie will Raum haben und sich entfalten und entwickeln können. Und eure Aufgabe ist es, eurer Seele diesen Rahmen zu geben, in dem sie wachsen und liebevoll sein kann.

Jeder Mensch hat eine Seele und auch viele Tiere haben eine Seele. Manche Tiere jedoch unterliegen keiner einzelnen, individuellen Seele, sondern einer übergeordneten. Auch dies könnt ihr leicht erkennen, wenn ihr euch einmal auf die Stimme eurer eigenen Seele eingelassen habt. Sie wird euch auch gerne einweisen und unterrichten, was auf der Seelenebene geschieht, wie ihr Kontakt auch zu anderen Seelen herstellen könnt und wie ihr auch anderen Seelen helfen könnt. Es gibt viele Seelen, die aufgegeben haben, ihrem Herbergskörper Impulse zu geben, da sie nicht wahrgenommen wurden. Manchmal gibt eine Seele auch auf und möchte dieses Leben nicht mehr zu Ende bringen, da für sie das, was auf dem Seelenplan steht, unmöglich scheint. Sie möchte dann gehen. Dann sprechen diese Seelen manchmal sogar zu anderen Menschen, denn auch andere Menschen können mitwirken am Seelenplan eines anderen.

Eine Seele ist eine zarte Pflanze und will als solche behandelt werden. Auf einem gesunden Boden kann sie reifen und unendlich wachsen, doch braucht sie Pflege, Raum und Licht.

Exkarnation und Jenseitsebenen

Wenn eine Seele ihren Seelenplan erfüllt hat oder auch wenn der Körper alt und gebrechlich wird, ist es an der Zeit für die Seele, wieder in die Feinstoffliche Ebene zurückzukehren. Der Zeitpunkt, wann eine Seele geht, wird normalerweise von der Seele selbst erkannt und ernannt. Es gibt jedoch auch Situationen, in denen eine Seele vorzeitig aus dem Leben tritt. Dies kann zum Beispiel der Fall sein, wenn Schattenwesen aus der Unterwelt die Oberhand und Macht über den Menschen haben – oder wenn Suchtwesen den Menschen in die Sucht bis hin zum Tode gezogen haben. Es ist einer Seele nur bis zu einem gewissen Punkt möglich, gegen diese Wesen anzutreten und sie zu vertreiben. Wer seiner Seele diese Möglichkeiten nimmt, gibt das Zepter und die Macht an die dunkle Seite ab und kann dies im schlimmsten Fall mit dem Tode bezahlen.

Wenn ein Mensch hingegen Selbstmordgedanken hat, sendet er zum Beispiel immer wieder Signale an andere Ebenen, dass er gehen möchte. In manchen Fällen kommt es sogar dazu, dass der Körper dann von einer anderen Seele, die sich in einer Zwischenebene befindet, übernommen werden kann. Ein Seelentausch – ein Übergang. Das kann durchaus auch lichtvoll sein, ist aber meist keine heilbringende Situation, sondern führt immer wieder zu Verstrickungen.

Wenn eine Seele jedoch lichtvoll mit ihrem Menschen gelebt und gearbeitet hat und am Ende des Lebens bereit ist, den Körper zu verlassen, dann geschieht dies auch nicht ohne Ankündigung. Ein Mensch spürt, wann der Zeitpunkt kommt. Wie bei der Inkarnation, wenn die Seele in das Leben eintritt, so ist es auch bei der Exkarnation so, dass die Seele immer wieder mal in die feinstofflichen jenseitigen Ebenen hinein schwingt. Sie schwebt zwischen den Ebenen. Der Mensch hat zumeist ganz klare außersinnliche Wahrnehmungen, sieht Engel und Verstorbene. Die Engel des Übergangs als Abgesandte von Erzengel Azrael sind nicht nur für den Sterbenden, sondern auch für mediale Menschen sichtbar. Sie treten immer wieder zurück, sind keineswegs aufdringlich oder forcierend. Sie sind einfach nur da, um im rechten Moment die Seele zu geleiten. Und auch ich halte den Seelen meine Hand hin und bin bereit – und es gehört unter anderem auch zu meinen Aufgaben –, die Seelen sanft aus der Materie herauszuheben und einen lichtvollen, sanften Übergang zu gewähren.

Es gibt unterschiedliche Ebenen im Jenseits. Wenn eine Seele den Körper endgültig verlässt, gibt es die Ebene, die wie ein Schleier ist und die Ebenen trennt. Während bei der Inkarnation dies die Schleier des Vergessens sind, bleibt jedoch bei der Exkarnation jede Erfahrung abrufbar für die Seele. Bei einem lichtvollen Übergang wird sie jedoch Schmerzen, Schuld, Zweifel und Angst nicht mehr spüren können. Sie wird sich daran erinnern können, dass es diese Ebenen und Zustände gibt, jedoch wird sie die Schmerzen nicht mehr spüren können, denn diese Zustände existieren auf dieser Ebene nicht mehr.

Wenn dagegen eine Seele durch Sucht oder Schmerz oder gar freiwillig aus dem Leben tritt, dann wird sie in eine Ebene gelangen, in der sie weiterhin Schmerz, Angst, Sucht fühlen wird und sich nach wie vor damit identifizieren kann. Es gibt natürlich immer einen Weg heraus und der liegt ganz einfach darin, sich dagegen zu entscheiden und den Schmerz, Angst, Zweifel, Sucht als das zu erkennen, was sie in Wahrheit sind: eine Illusion. Wenn ein Selbstmörder zum Beispiel erkennt, dass das Beenden des Lebens nicht der Schritt war, wie es im Seelenplan stand, hat er jederzeit die Möglichkeit, sich selbst diesen Schritt zu vergeben und erneut zu inkarnieren oder auch in andere Ebenen zu steigen. Je nach dem Entwicklungsstand der Seele.

Sollte sich der Mensch jedoch mit seinem Bewusstsein entscheiden, im Schmerz zu verweilen, wird die Seele in einer dunklen Zwischenebene verweilen, und zwar so lange, wie es braucht, bis die Bewusstseinsebene die Situation erkennt und sich aus dem Schmerz heraus wendet, in die Selbstvergebung geht und sich auf den Weg macht.

Wenn eine Seele auf dieser Zwischenebene im Schmerz und der Dunkelheit verharrt, kann es passieren, dass die Seele auf Irrwegen versucht, aus dieser Situation auszusteigen. So kann es vorkommen, dass diese Seelen sich als Jenseitswesen an verwandte Lebendige hängen und diese beeinflussen. So können diese Jenseitswesen zum Beispiel einen Menschen dahingehend beeinflussen, vermehrt Alkohol zu trinken oder anderen Suchtstrukturen nachzugehen. Sie können auch versuchen, über diese Menschen Antworten auf Fragen zu bekommen oder sich ganz einfach an das Licht von lichtvollen Verwandten zu hängen und sich an ihrer Lebensenergie bedienen. Oft werden diese Menschen dann krank. Diese übergriffigen Energien aus dem Jenseits können jedoch aufgespürt und aufgelöst werden. Meist braucht der betroffene Mensch keine Hilfe von außen, sondern es reicht die klare Ausrichtung und in erster Linie natürlich das Hinsehen. Es ist nicht wichtig, dass alles Jenseitige wahrgenommen wird. Viele Menschen sind nicht so weit entwickelt. Zumeist ist es ausreichend, dass der Mensch sein Bewusstsein öffnet und erkennt, dass diese jenseitigen Übergriffe existent sind. Es gilt dann, seine Kraft und Macht wieder anzunehmen und dem Jenseitigen die klare Botschaft zu senden, dass er nicht erwünscht ist. Es gibt kosmische Gesetze, und wenn ein Mensch mit seinem Bewusstsein dreimal einer übergriffigen Macht den Befehl gibt, seine Bereiche und Systeme zu verlassen, so hat diese dunkle Energie oder übergriffige Macht dem Folge zu leisten. Die Reinheit des Bewusstseins und die klare Ausrichtung und Formulierung sind ausschlaggebend, was nichts anderes heißt als: Ihr müsst davon ausgehen und keinen Zweifel daran haben, dass ihr die Macht habt, diese übergriffige Energie hinaus befehlen zu können. Ruft bei dieser Arbeit immer die Engel dazu und bittet sie, die Seele zu geleiten und ihr Impulse zu geben, damit sie den lichtvollen Pfad wiederfindet und ihn beschreiten kann. Kein Mensch ist zu ewiger Dunkelheit verdammt. Im Gegenteil, jeder Mensch hat einen lichtvollen Platz und wird hierher zurückkehren können und wir werden alles daransetzen, alle Pforten öffnen und alle Impulse senden, die es braucht, damit diese Seele diesen Ort – die lichtvolle Heimat – wiederfinden kann und in die hohen, lichten Ebenen zurückkehren wird.

Es gibt auch Fälle, in denen treten Seelen durch dritte Hand zu früh aus dem Leben. Manchmal ist ein Mord oder ein Unfall durchaus im Seelenplan oder gar durch Karma entstanden. Jedoch gibt es Fälle, in denen eine Seele durch niedere Beweggründe eine andere aus dem Körper schleudert. Der Körper ist die Schwachstelle, durch die solche Energien eintreten und wirken können. Wenn eine Seele also vorzeitig und plötzlich aus dem Leben tritt, findet sie sich ebenfalls in einer Zwischenebene, ohne zu wissen, wo sie ist. Sie meldet sich auf der Feinstofflichen Ebene meist bei Menschen, mit denen sie in irgendeiner Form im Laufe ihres Lebens Kontakt hatte und die sensitiv sind, das heißt, dass sie medial sind. Sie bittet um Hilfe und braucht diese Hilfe auch, um zu erkennen, was geschehen ist. Solche Seelen sind wie in einem Schockzustand und brauchen die Erklärung, was geschehen ist. Sie brauchen jemanden, der ihnen zeigt, wo das Licht ist und wo die Ebene des Übergangs sich öffnet. Hier stehen die Engel des Übergangs bereit und auch viele mediale Menschen wirken hier in diesem Bereich. Das Licht wird immer mehr in diese Ebene einwirken können und die Seele an einen lichtvollen Ort heben. Je nach Entwicklungsstand wird die Seele entweder erneut inkarnieren oder auf andere Reisen gehen. Diese Zwischenebene, in der Seelen, die aus dem Leben gekickt wurden, noch in einem Schockzustand sind, ist ein geschützter Raum. Er ist höher schwingend als die Ebene der Selbstmörder und Suchtwesen. Anhaftungen wie Besetzungen kommen hier nicht vor. Es ist wie ein leerer Raum, und nur lichtvolle Energien kommen hier in diese Ebene.

Wenn eine Seele jedoch in absoluter Abstimmung mit dem Seelenplan diesen erfüllt hat und in die lichtvollen

Ebenen schreitet, dann öffnet sich nach dem sanften Durchschreiten der Schleierebene ein Lichtschweif, der die Seele an die lichte Ebene führt, die ihrem Entwicklungsstand entspricht. Auf dem Weg des Lichtes gibt es keine weiteren Anhaftungen, Besetzungen oder Übergriffe von Schattenwesen. Diese sind hier nicht existent. Ihre Energien können sich hier nicht halten. Es ist den Menschen durchaus erlaubt, diese Ebenen zu Lebzeiten als Mensch kennenzulernen. Menschen, die durch eine Krankheit oder ein Unfallereignis auf diese Zwischenebene geraten, können diesen Lichtschweif kennenlernen und dürfen sich erinnern an die unendliche Harmonie und das wunderbare Licht. Diese Ebene, in der Menschen körperlos im Licht sind, ist jedoch nicht das Jenseits, das ihr im Astralbereich findet. Dieser Ort des Lichts und der Harmonie befindet sich in höheren Ebenen und bildet eure seelische Heimat, auch wenn es so etwas wie Orte hier nicht gibt. Einmal hier angekommen, entscheidet sich die Seele, entweder erneut wieder auf die Erde zu gehen oder andere Lebenserfahrungen zu machen, oder sie verweilt ohne Raum und Zeit im einfachen Sein, der Wahrhaftigkeit. Alles ist fließend und so ist es auch eure Seelenenergie. Viele Seelen verbleiben lange Zeit in dieser Ebene – auch wenn es hier keine Zeit gibt. Sie sind einfach hier in unserer Ebene. Verweilen bei uns, den unzähligen geistigen Helfern und Engeln, und auch natürlich bei mir, Sophia. Sobald meine Energien wieder in eure Systeme fließen können und ihr euch mit mir vereint, werdet ihr die Seelenheimat wieder erreichen und alle Informationen und Lernerfahrungen werden sich in euch lichtvoll und auch friedvoll integrieren können.

Wenn Menschen sterben und exkarnieren, ohne all ihre Aufgaben erledigt und ihre vorgesehenen Erfahrungen gemacht zu haben, kommen sie nach dem Tode in eine Astralebene – das Jenseits. Hier verweilen sie, bis sie sich ganz aus dem letzten Leben gelöst haben und erneut in eine neue Inkarnation eintauchen können. Im Jenseits – dem Reich der Verstorbenen – werden die Seelen an vieles erinnert, was sie einst aus den hochschwingenden Ebenen an Wissen mitgebracht haben. Auch haben die Jenseitigen eine Übersicht über den Lauf der Dinge und auch individuelle Menschen. Sie geben diese Informationen auch manchmal an mediale, sensitive Menschen weiter. Jedoch sind die Informationen der Jenseitigen niemals so rein und heilbringend wie die Botschaften der Engel oder anderer Lichtwesen. Bei den Botschaften der Jenseitigen kommen die Informationen meist gegen eine Gegenleistung oder auch für den Preis, dass sie sich eurer Energie bedienen dürfen. Verstorbene Seelen haben im Grunde nur ein Ziel, und das ist, die ewige Ruhe und Frieden zu finden. Es gibt selbstverständlich immer wieder auch Einzelfälle, in denen Seelen nicht zur Ruhe kommen können, da etwas noch unbedingt gesagt oder aufgeklärt werden sollte, dann werden diese Verstorbenen ihre Angelegenheiten auf ihre Art klären, ohne Energien von lebendigen Menschen anzuzapfen.

Oft ist es jedoch auch so, dass Verstorbene nicht zur Ruhe kommen, weil sie von Menschen, also den Hinterbliebenen, nicht losgelassen oder gar zurückgerufen werden. Auch das Anschauen eines Fotos ist ein Zurückrufen der Seele, denn ihr könnt mit der ganzen Aufmerksamkeit in die Sehnsucht zu diesem Menschen gehen. Es bildet sich dann so etwas wie eine Schnur, an der ihr den Verstorbenen immer wieder herbeizieht.

Lasst eure Verstorbenen gehen, vertraut auf die Zyklen und die ewige Verbundenheit. Jeder Verstorbene hat ein Recht auf Vergessen und auf Freiheit.

Ich habe es oft beobachtet, dass ein Mensch, der aus dem Leben tritt, die Seele bereit ist für ihren weiteren Schritt, mit seinem Bewusstsein aber noch am Leben festhalten will, dann immer wieder zu seinem Körper zurückgeht. Dies ist ein sehr schmerzlicher Prozess für euren Verstand. Wenn die Seele aus dem Körper geht, weil das Leben beendet ist, dann verabschiedet euch von eurem Körper und lasst ihn in der Natur zurück, dort, von wo er einst auch hergekommen ist. Euer Körper ist eine natürliche Essenz und wird als solche wieder in die Natur eintauchen und ihr zurückgegeben. Dies ist ein Kreislauf des Lebens.

In den ersten Tagen nach dem Tod ist die Seele oft noch sehr erdgebunden, verbleibt bei ihren Lieben, und diese Zeit wird dazu dienen, sich von dem gelebten Leben zu verabschieden.

Erfahrungen eures Lebens und Situationen sind für die Seele jetzt noch komplett abrufbar. Die Seele scheint in ihren Lebenserfahrungen zu schwimmen, denn das letzte Leben kommt in komprimierter Form noch einmal zur Seele, um sich dann vollends von ihr zu trennen. Alle schmerzhaften Erfahrungen und Prägungen werden gelöst und transformiert. Die Seele wird befreit.

Dann treten meine Energien wieder in Erscheinung und in Kraft. Ich hebe die Seele aus ihren Erfahrungen, und mit all ihren Informationen wird die Seele nun an die Engel des Übergangs geleitet. Nach drei Tagen führen die Engel des Übergangs unter Erzengel Azrael dann die Seele in eine andere Ebene, die einer Art Transformation dient. Hier verbleibt die Seele für circa sieben Wochen und kehrt immer mal wieder in die Materie zurück. Meldet sich immer wieder mal bei den Hinterbliebenen und spendet Trost, klärt ihre Angelegenheiten und ruft Energien zu sich zurück. Die Seele wird jetzt vom Bewusstsein getrennt.

Die Kommunikation unter geistigen Wesen ist wortlos und erfolgt über die außersinnliche Wahrnehmung, also zum Beispiel über ein Gefühl oder ein plötzliches Wissen. Die Seele selbst trifft bereits auf andere bereits verstorbene Menschen, die sie empfangen, vorbereiten und einführen in diese neue Seinsform. Nach sieben Wochen tritt die Seele in die Stufe oder Ebene über, die ihrem Entwicklungsstand entspricht.

Die Seele, das Bewusstsein und der Verstand sind drei unterschiedliche Ebenen. Die Seele lebt ewig. Das Bewusstsein kann auch außerhalb des Körpers existieren, wird jedoch nicht vollends mit aufsteigen. Die Seele knüpft in ihren Inkarnationen immer wieder an bisher erreichte Bewusstseinsebenen an. Es wird jedoch in jedem Leben, also in jeder Inkarnation, eine neue Bewusstseinsebene gebildet. Diese entsteht auf dem Niveau, auf dem die Seele die letzte Inkarnation beendet hat.

Der Verstand hingegen ist eine sterbliche Ebene. Wenn die Seele geht und der Mensch stirbt, bleibt auch der Verstand in der Materie und wird transformiert und aufgelöst. Diese Aufgabe erledigen die Engel gemeinsam mit den Naturwesen. Die Engel reinigen und transformieren den Äther, die Sylphen reinigen die Luftsphären, Undinen die Wasser, Zwerge und Gnome die Ebenen in der Erde und die Devas, Feen und Elfen arbeiten auf den Ebenen dazwischen. Dies mag für viele schmerzhaft klingen, doch von eurem Verstand bleibt auf Dauer nichts, wenn ihr aus dem Leben schreitet. Wenn ihr euch auf eine neue Seelenreise begebt, dann wird euch das Verstandesniveau aus dem Vorleben zugute kommen, denn mit dem Verstand verhält es sich wie mit einem Weg oder einem Graben, den ihr bereits gegraben habt. Die Wege bleiben frei und geebnet. So erklärt sich auch, warum ihr Menschen alle unterschiedlich intelligent seid. Ihr seid immer eine Form eures eigenen Seins, denn ihr genießt die Freiheit, euch immer wieder selber formen zu dürfen. Und in jeder einzelnen Inkarnation dürft ihr euch neu entscheiden und formen.

Wenn ein Mensch auf Astralreise geht, reist das Bewusstsein oder die Seele, nicht der Verstand. Der Anteil, der einem Menschen wirklich verstandesmäßig bewusst ist, ist momentan noch sehr gering. Doch ich darf euch bereits heute mitteilen, dass sich dies in den nächsten Jahren elementar ändern kann. Ihr werdet bewusster reisen können und eure Erfahrungen und neuen Informationen direkt umsetzen können. Es ist alles eine Frage dessen, was ihr erlaubt und worauf ihr euch ausrichtet.

Die Zyklen

Alles in der Materie unterliegt den Zyklen. Ihr habt hierfür Namen und Zahlen erfunden. Jedoch sind eure Erklärungen und Wissenschaften ungenau. Das hat an sich keine Auswirkungen, nur euer Verstand wird eines Tages darüber stolpern. So kreiert ihr euch doch nur eure Welt, doch eure Welt wird unsere niemals verändern können, nur eure Sichtweise und Verstandesebene ist veränderbar.

Die Zyklen eures Lebens sind wie folgt:

Bevor die Seele auf die Erde kommt, befindet sie sich in einem Zyklus der Vorbereitung. Von dort schwebt sie immer wieder hinein in die Materie, bis sie letztlich bei der Geburt ganz in diese eintritt.

Dann folgt der Zyklus des beschützten Daseins und Wachsens, bis schließlich die Seele auf sich allein gestellt ist, frei ihren Weg beschreiten, ihre Realität kreieren kann.

Bei einem erwachsenen Menschen ist die Seele voll integriert und handelt quasi in eigener Verantwortung. Kann sich aus Themen lösen, diese heilen oder sich auch neue Themen kreieren. Je nach Intensität und dem eigenen Seelenplan dauert diese Phase an. Sie kann viele Teilbereiche haben, wie zum Beispiel das Gründen einer Familie oder das Erreichen beruflichen Erfolgs. Was auch immer es ist, das sich die Seele vorgenommen hat und was jetzt ansteht, dieser Zyklus ist der Intensivste und derjenige, der euch am meisten bewusst ist.

Darauf folgt der Zyklus der Regeneration und der Vorbereitung des Abschiedes. In dieser Phase verlassen viele Menschen die bewusste Daseinsform, lassen los von menschlichen Normen und leben frei und ungehemmt ihr Leben, bis sie das irdische Leben verlassen und exkarnieren.

In all diesen Zyklen unterliegt ihr Menschen den Naturgesetzen und dem Jahreskreislauf, der sich in zwölf Monate aufteilt. Jeder Monat hat ca. 30 Tage und auch hier findet ihr den Naturzyklus wieder.

Eure Zellerneuerung und Daseinsform verändert sich mit jedem Zyklus. Wie bereits erwähnt ist in einem Lebensjahr, also von Geburtstag bis Geburtstag, mindestens ein Themenbereich zu bearbeiten oder eine Aufgabe zu lösen, und automatisch mit dem Übergang in das nächste Lebensjahr verändern sich diese Bereiche auf der Feinstofflichen Ebene. So kann es euch zwar vorkommen, als wäret ihr jahrelang mit einem Thema beschäftigt, doch geschieht das auf anderen Ebenen und in anderer Form, was euch nicht bewusst sein muss.

Euer Körper unterliegt den natürlichen Zyklen, und mit dem Monatszyklus von ca. 28 Tagen – und das gilt für Mann und Frau in gleicher Form – verändern sich die Körperebenen. Sie erneuern sich, was eine Folge eures Bewusstseins ist. Krankheit und Gesundheit eröffnen sich in jedem Zyklus neu. So kann es auch sein, dass die Seele eine bestimmte Krankheit gar nicht vorgesehen hatte auf ihrem Plan, sie jedoch das Bewusstsein des Menschen durch euer Denken, Handeln oder Fühlen – und nicht zuletzt durch Manipulation von anderer Seite – in euch hineingeformt hat.

Jeder Zyklus birgt die Möglichkeit, sich in die ein oder andere Richtung zu entwickeln, und auch jeder Tag mit seinen 24 Stunden ist ein in sich geschlossener Zyklus. Ihr könnt in jedem Zyklus erneut Entscheidungen treffen und euer Leben verändern. Das ist der wahre Sinn der Zyklen. Ihr sät, wachst und erntet und das auf unterschiedlichen Ebenen in unterschiedlichen Zyklen, eingebettet in die Zyklen eures Lebens.

Ich möchte euch begleiten und stärken in euren Zyklen, damit sie heil- und lichtvoll sind.

Hierzu wäre es wichtig, dass ihr euch der Manipulation entzieht, und das jeden Tag, jeden Zyklus aufs Neue. Schaut euch genau an, in welchen Energien ihr euch aufhaltet, beim Lesen, Schreiben, Fernsehen usw. Findet den Weg zurück, im Einklang mit der Natur zu leben. Die Natur weiß soviel besser als ihr und wird sich immer wieder durchsetzen. Den Zyklen – ob ihr nun daran glaubt oder nicht – könnt ihr euch nicht widersetzen. Ihr könnt sie lediglich bewusst als Chance sehen oder sie boykottieren und blockieren.

Nachwort

Denn ihr glaubt in eurem weltlichen Dasein, dass das eure Realität ist, was ihr sehen könnt, in der ihr euch im Alltag aufhaltet. Das ist jedoch die größte Illusion, der ihr erliegt, denn diese Realität ist nur ein Teil einer Facette. Die größte Wahrnehmung erfolgt durch eure Seele und euer Gefühl und hier sind sehr viele von euch verkümmert und unterentwickelt. Lasst mich euch helfen, damit ihr alle auf den Seelenpfad zurückfindet und eure wahre Bestimmung finden könnt.

Ich lade euch herzlich ein, mit mir zu kommunizieren. Verbindet euch mit mir und schreitet über die goldenen Treppen der Transformation in die Ebene der Sophia, der Energie und Kraft, die euch nährt und begleitet durch alle Übergänge in allen Lebensphasen. Ich bin das Licht, das ich bringe.

Bitte erschreckt nicht,dass ich auch immer wieder die dunklen Ebenen anspreche, doch sind sie präsent und ich bitte euch, sie als solche anzunehmen. Inwieweit eine dunkle Energie auf eure Systeme einwirken kann, das hängt immer davon ab, inwieweit ihr mit dieser Ebene verbunden seid. Habt ihr Überzeugungen, die auf Verletzungen oder Schmerz basieren, ist dies die energetische Öffnung für Energien, die genau diese Felder bedienen. Doch habt ihr alle die Möglichkeit, die dunklen Ebenen in und um euch in helle, lichte und friedvolle Ebenen zu verwandeln, und das bitte ich euch zu tun. Ich unterstütze euch auf allen euren Wegen.

Meine Energie und mein Wirken wird in den nächsten Jahren verstärkt auf die Erde strömen und euch Menschen und Wesen der Oberwelt und der Unterwelt zur Verfügung gestellt. Auch werden die Engel ihre Legionen senden und Großes bewirken. Lasst euch von der Welle der Angst, des Zorns und Schmerzes, die aufgedeckt und aufgewirbelt werden, nicht von eurem Weg abbringen. Der Grund, weshalb ihr hier seid, ist die Tatsache, dass ihr bei der Auflösungsarbeit auf diesem hohen Schwingungsniveau mitwirkt. Und dabei ist es egal, ob ihr es bewusst oder unbewusst tut.

Entscheidet euch im Leben immer für Liebe, Harmonie und Frieden, so könnt ihr das Gleichgewicht auf der Erde wiederherstellen.

Das, was ihr mit euren Sinnen wahrnehmen und eurem Verstand begreifen könnt, ist nur ein geringer Teil von dem, was wirklich ist. Macht euch bitte immer wieder bewusst, dass für jeden Menschen genug von allem da ist, was er zum Leben braucht. Momentan herrscht bei euch ein Ungleichgewicht und viele Menschen glauben, sie hätten einen Anspruch auf Luxusgüter.

In Wahrheit geht es nicht um Luxusgüter, sondern um das, was ihr zum Leben braucht. Wenn ihr euch alles, was ist, als einen großen Kuchen vorstellt, dann ist für jeden Menschen etwas von dem Kuchen vorgesehen, und wenn sich ein Mensch mehr als seinen Anteil nimmt, dann bleiben andere Menschen ohne Anteil. Kommt wieder in das Miteinander, teilt mit allen. Dieses Ungleichgewicht auf der Erde ist auch ein Resultat aus dem Wünschen oder Bestellen beim Universum. Selbstverständlich hat jeder die Möglichkeit, etwas zu wünschen, was sein Herz begehrt, und das Universum reagiert darauf und bietet die dazugehörige Entsprechung, soweit es im Göttlichen Plan steht. Oft werden durch solche Wünsche jedoch auch Entwicklungen oder Erfahrungen blockiert oder gar ausgeschaltet. Das sind dann die Themen, die eine Seele mit in die nächste Inkarnation nehmen wird. Wenn jeder bei sich selber schaut und prüft, was er wirklich zum glücklichen Dasein braucht, dann wird die Harmonie und die Balance wieder einkehren können in eure Welt.

Hört auf, mit eurem Verstand und eurem Bewusstsein die Geschehnisse beeinflussen zu wollen. Folgt nicht weiter euren Ängsten und Mangelgefühlen. Ihr verstrickt euch und alle Wesen und Bewohner der Erde zu einem Knoten, der nur langsam und gefühlvoll gelöst werden kann, was aber nur möglich ist, wenn ihr nicht mehr den Ängsten und Mängeln nachgeht, sondern euch mit eurem Bewusstsein auf das ausrichtet, was lichtvoll, friedvoll und in Harmonie ist.

Vergesset nie, dass euer Leben auf der Erde nur eine Ausbildung mit Lernerfahrung ist. Nehmt euch selber nicht so wichtig, dann lebt es sich leichter.

Im Leben glaubt ihr, dass euer Verstand oder euer Bewusstsein die Macht über euer Dasein hat. Es ist jedoch die Seele die wahre Kraft und Macht in euch. Ihr stellt euch daher besser gleich gut mit ihr und gebt ihr den Platz, der ihr gebührt. Den Verstand zu entwickeln und Zusammenhänge zu erkennen und zu verstehen, ist nur ein Teil der Aufgabe eures Bewusstseins oder eures Verstandes. In Wahrheit geht es niemals allein darum.

Ich möchte euch keineswegs etwas aufbürden oder ängstigen vor der Existenz der dunklen Seite, sondern lediglich liebevoll die Augen öffnen und die Hintergründe aufzeigen. Damit ihr versteht, worum es im Leben geht. Ohne die Schattenseite wäret ihr nicht dort, wo ihr seid, auf der Erde. Ihr braucht die Polarität, Schatten und Licht, um aus den feinstofflichen Ebenen durch die Schleier in das irdische Dasein zu schreiten.

Und auch die Schattenwesen und Schattenseiten eures Daseins wollen erkannt und erlöst werden, denn in Wahrheit sind auch sie nur eingebundene Energie. Ohne Wertung, einfach nur eine Energie, die befreit werden möchte.

Das Leben in eurer Ebene kann wundervoll sein, wenn ihr es dazu macht. Öffnet euer Herz, wir führen euch sanft und liebevoll in ein friedvolles und lichtes Dasein.

Ihr habt immer die freie Wahl. Ihr könnt euch zum Licht wenden, Frieden und Harmonie einladen und leben wollen. Ihr könnt euer Bewusstsein und euren Verstand öffnen für die wahre Realität, die euch umgibt. Ihr könnt euren Heil- und Entwicklungsweg fördern oder blockieren. Es ist ganz frei eure Entscheidung, doch in Wahrheit gibt es nur eine Existenz, unabhängig davon, ob ihr euch dafür öffnet oder nicht. Alles in eurem Leben geschieht zur rechten Zeit und formt sich in dem Moment, in dem es an der Zeit ist. Ihr könnt euch vom Fluss des Lebens treiben lassen oder versuchen, gegen die Strömung des Lebens anzuschwimmen. In Wahrheit jedoch werdet ihr den Fluss eures Lebens niemals verändern können.

Ich – Sophia – werde immer präsenter auf der Erde und ihr findet mich mehr und mehr in eurem Leben. Ihr hört meinen Namen und spürt meine Schwingung. Öffnet eure Herzen füreinander, so können auch meine Energien mit unzähligen Informationen für euch in eure Systeme fließen. Das Leben auf der Erde wird sich verändern – dank eurer Hilfe werden jetzt klare Entscheidungen gefällt. Lichtvolle Menschen werden sich immer mehr zusammenfinden und das Licht und die Liebe unterstützen. Wir können die hohen, lichten Ebenen nur senden, wenn ihr empfangsbereit seid und aus eurem Bewusstsein ein klares „JA" dafür gesendet habt. Ich, Sophia, freue mich darauf, dass unsere Wege – unsere Energien – zusammenfinden werden und wir uns gemeinsam zu einem lichtvollen und heilendem Dasein für alle Erdschichten und ihre Wesenheiten und Bewohner formen werden.

Die Autorin

Ich bin Heike Engel und wurde im Februar 1971 in Nordrhein-Westfalen geboren, wo ich auch heute mit meiner Familie lebe.

Ende der 80er und Anfang der 90er Jahre habe ich meine Berufsausbildungen bei einem Rechtsanwalt und einer Bank abgeschlossen. Darauf folgten einige Auslandsaufenthalte in Australien und England. Bis heute arbeite ich in international agierenden Unternehmen.

Ich habe weitere Ausbildungen abgeschlossen und spirituelle Seminare besucht.

Seit fast 10 Jahren arbeite ich auch als Medium und Coach. Ich begleite Menschen in Einzelsitzungen und leite Workshops, Meditations- und Entspannungskurse.

Mehr über mich und meine Arbeit
können Sie hier erfahren:

www.engel-entspannung.de

Bitte umblättern...

Lesen Sie auch das nächste Buch der Autorin:

Heilen mit Sophia

Aus dem Inhalt:

Die Chakren und ihr wahrer Sinn

Heilmeditation Chakren

Die Aura und Störungen der Energien

Heilmeditationen zur Stärkung der Aura und Transformation von Störungen

Die körperliche Entsprechung von Themen:
Gesicht – Brust und Herz – Magen
Leber und Nieren – Darm – Haut

Die Schattenwelt und wie man mit ihr arbeitet

Das Ego

Meditation zum Auflösen der Egostrukturen und Erlösung der Egowesen

Verbindungen und wann sie aufzulösen sind

Die Felder

Befreiung von Besetzungen

ISBN 978-3-89568-281-0

ch. falk verlag